HUGO MÜLLER-VOGG

Volksrepublik Deutschland

W0389019

HUGO MÜLLER-VOGG

Volksrepublik Deutschland

„Drehbuch“
für die rot-rot-grüne
Wende

OLZOG

Bibliografische Information der Deutschen Nationalbibliothek

Die Deutsche Nationalbibliothek verzeichnet diese Publikation in der Deutschen Nationalbibliografie; detaillierte bibliografische Daten sind im Internet über http://dnb.d-nb.de abrufbar.

ISBN 978-3-7892-8304-8

© 2009 Olzog Verlag GmbH, München
Internet: http://www.olzog.de

Redaktionelle Mitarbeit: Florian Otto, M.A.

Alle Rechte, insbesondere das Recht der Vervielfältigung und Verbreitung sowie der Übersetzung, vorbehalten. Kein Teil des Werkes darf in irgendeiner Form (durch Fotokopie, Mikrofilm oder ein anderes Verfahren) ohne schriftliche Genehmigung des Verlages reproduziert oder unter Verwendung elektronischer Systeme gespeichert, verarbeitet, vervielfältigt oder verbreitet werden.

Umschlagentwurf: Atelier Versen, Bad Aibling
Satz: EDV-Fotosatz Huber/Verlagsservice G. Pfeifer, Germering
Druck- und Bindearbeiten: druckhaus köppl und schönfelder, Stadtbergen
Printed in Germany

Zu diesem Buch

Dies ist eine politische Fiktion, also eine erfundene Geschichte. Sie erzählt, wie es nach der Bundestagswahl 2009 zu einer Regierung aus Sozialdemokraten, Linken und Grünen kam.

Nun mag man einwenden, dass führende Sozialdemokraten – allen voran Kanzlerkandidat Frank-Walter Steinmeier und der Parteivorsitzende Franz Müntefering – sich festgelegt haben: „Im Bund keine Koalition mit der Linken im Jahr 2009."

Diese Festlegung besagt zweierlei: Erstens strebt die SPD eine Zusammenarbeit mit der Konkurrenz von Links in den Ländern ausdrücklich an. Und zweitens gilt das Nein für die Bundesebene „nur" für 2009.

Ganz abgesehen davon: Das Nein der SPD zur Zusammenarbeit mit PDS beziehungsweise der Linkspartei ist im Laufe der Jahre mehrfach modifiziert – und mehrfach nicht eingehalten worden.

Nach der Wiedervereinigung hieß es grundsätzlich „niemals mit der PDS". Das galt aber nur so lange, bis es 1994 in Sachsen-Anhalt zu ersten von der PDS geduldeten rot-grünen Minderheitsregierung kam.

Dann lautete das Versprechen: „Nur in den neuen Ländern." Was aber die SPD 2001 nicht daran hinderte, in dem nach Bevölkerungszahl und Fläche überwiegend „alten" Land Berlin mit der PDS eine Regierung zu bilden.

Im Jahr 2004 gab es sogar das erste rot-grün-rote Wahlbündnis im Bund. Vor der Wahl des Bundespräsidenten hatte die SPD-Kandidatin Gesine Schwan aktiv um die Unterstützung der PDS-Mitglieder in der Bundesversammlung geworben. Sie bekam sie auch, unterlag aber dennoch Horst Köhler.

Schließlich wurde Anfang des Jahres 2008 der Wortbruch der hessischen SPD von den höchsten Gremien der Partei sanktioniert. Seitdem gilt die offizielle Parole: In den Ländern geht alles, im Bund nichts.

Wer wollte da – allen sozialdemokratischen Schwüren zum Trotz – ausschließen, dass es doch in absehbarer Zeit zu einem rot-rot-grünen Bündnis auf Bundesebene kommt? Es liegt also nahe, sich einmal vorzustellen, wie dieser Prozess ablaufen könnte. Dies wird in diesem Buch geschildert, ganz nüchtern aus der Sicht eines fiktiven Beobachters und Chronisten.

Die in dieser Geschichte handelnden Personen tragen nicht zufällig Namen wie Frank-Walter Steinmeier, Franz Müntefering, Jürgen Trittin oder Oskar Lafontaine. Aber was sie *nach dem Wahltag 2009* sagen, ist ihnen von mir in den Mund gelegt, was sie tun, eine Unterstellung. Das gilt auch für Worte und Taten des übrigen politischen Personals, das hier agiert.

Diese Fiktion von unserer rot-rot-grünen Zukunft entspringt freilich nicht allein der Fantasie. Hier fließt vielmehr ein, was führende Politiker von der SPD, den Grünen und der Linken bisher gesagt und getan haben. Vor allem zeigt ein Blick in die Programme und Beschlüsse der drei Parteien, wie nahe sie sich in vielen Fragen sind, dass es folglich keine unüberwindbaren ideologischen Hürden für eine solche Konstellation gibt. Deshalb hat die Fiktion von der rot-rot-grünen Volksrepublik Deutschland eine durchaus reale Basis.

Oder um es mit William Faulkner zu sagen: Fiktion kommt der Wahrheit manchmal näher als der Journalismus.

Berlin, im Januar 2009

Dr. Hugo Müller-Vogg

Wahltag – Sonntag, 27. September

Die Deutschen haben gewählt – aber nichts entschieden

Es war der wohl längste Wahlkampf in der Geschichte der Bundesrepublik. Begonnen hatte die Schlacht an jenem 7. September 2008, als die SPD am brandenburgischen Schwielowsee Schiffe versenken spielte, den Parteivorsitzenden Kurt Beck zum Rückzug trieb und Außenminister Frank-Walter Steinmeier zum Kanzlerkandidaten ausrief. 385 Tage lang hatten die Parteien versucht, sich selber ins gute und die anderen ins schlechte Licht zurücken. Wie bei fast jedem Urnengang hatte das Wort „Richtungswahl" dem Ganzen eine besondere Bedeutung verleihen sollen.

Nach unzähligen Reden und Erklärungen, nach Tausenden von Versammlungen und Kundgebungen, nach einer Flut von Interviews, Talkshows und „Duellen" sind die politischen Matadore für ein paar Stunden verstummt. Aber sie bereiten sich schon am Nachmittag darauf vor, was sie sagen werden, wenn Punkt 18 Uhr die ersten Trendmeldungen der Wahlforscher das Ergebnis ankündigen oder besser: andeuten.

16.00 Uhr, Willy-Brandt-Haus:

Im 5. Stock, dort, wo die Spitzen der Partei sich versammelt haben, herrscht eine seltsame Stimmung. Wie bei einer Trauergesellschaft, die genug vom Trauern hat.

Auf 29 bis 31 Prozent, so haben die Nachfragen vor den Wahllokalen ergeben, wird die SPD kommen. Das bedeutet nochmals einen herben Verlust gegenüber den 34,2 Prozent bei der Bundestagswahl 2005. Aber Kanzlerkandidat Frank-Walter Steinmeier nimmt es gelassen: „Um die 30 Prozent – wenn ich das bei meiner Nominierung am Schwielowsee vorhergesagt hätte, wäre ich ausgelacht worden." Parteichef Franz Müntefering pflichtet ihm bei: „Die Partei hat gekämpft. Wir haben zusammengestanden. Ich hatte mit ein paar Punkten mehr gerechnet. Hätten wir auch verdient gehabt. Aber Schwarz-Gelb hat definitiv keine Mehrheit. Das ist ja auch was."

Die Marschroute der Genossen ist klar: Nach 18.00 Uhr wird Generalsekretär Hubertus Heil vor die Kameras treten. Seine Botschaft: Erstes Wahlziel erreicht, nämlich eine neoliberale CDU/FDP-Mehrheit verhindert. Zweites Wahlziel nicht erreicht, nämlich stärkste Fraktion zu werden. Drittens: Der Kanzlerkandidat und der Parteivorsitzende waren ein starkes Team. Jetzt werde man in aller Ruhe das endgültige Ergebnis abwarten und dann würden die Gremien es analysieren und daraus Schlussfolgerungen ziehen.

16.30 Uhr, Konrad-Adenauer-Haus:

Im Kreis ihrer engsten Getreuen nimmt die Kanzlerin kein Blatt vor den Mund. Ihr aus einem Wort bestehender Kurzkommentar ist nicht gerade „ladylike", aber ehrlich. Etwa 35 Prozent für CDU/CSU, so sollen die Prognosen um 18 Uhr ausfallen. Auch die rund 11 Prozent für die FDP machen die Lage nicht besser. Das bürgerliche Lager kommt über 45 bis 46 Prozent nicht hinaus, wie schon 2002 und 2005 nicht. Selbst der Kanzlerbonus hat nichts gebracht. Im Gegenteil: Viele Stammwähler finden „Angie" persönlich ganz gut, aber nicht ihre Politik. Das hat sich offenbar in einer deutlich gesunkenen Wahlbeteiligung in Hochburgen der CDU niedergeschlagen.

Die Sprachregelung für Generalsekretär Ronald Pofalla wird festgelegt. Erstens: CDU/CSU mit Abstand stärkste Fraktion. Zweitens: Großer Vertrauensbeweis für die erfolgreiche Kanzlerin. Drittens: Angela Merkel muss Kanzlerin bleiben. Viertens: Jede Regierung ohne die Union wäre ein Verstoß gegen den Wählerwillen. Fünftens: Große Koalition könnte fortgesetzt werden, aber auch eine Jamaika-Koalition aus CDU/CSU, FDP und Grünen ist möglich.

20.15 Uhr, Runde der Parteivorsitzenden und Spitzenkandidaten bei ARD und ZDF:

Die Hochrechnungen sind stabil, als die „Elefantenrunde" im Fernsehen zusammenkommt: 35,8 Prozent für CDU/CSU, 30,1 Prozent für die SPD, 11,5 Prozent für die Linke, 11,4 Prozent für die FDP und 7,1 Prozent für die Grünen. Genau genommen gibt es nur einen Sieger: Oskar Lafontaine, den Partei- und Fraktionsvorsitzenden der Linkspartei.

Er kann sein Glück kaum zügeln: Aufrecht sitzt er da, den Kopf angriffslustig nach vorn gestreckt, ständig dagegen ankämpfend, nicht allzu siegestrunken zu grinsen und zu feixen. Die Große Koalition mitsamt ihrer unsozialen, neoliberalen Politik sei abgewählt worden, verkündet er triumphierend. Die SPD habe die Quittung dafür erhalten, dass sie die Wünsche der Konzerne und der Reichen erfüllt und die kleinen Leute mit ihren Nöten verraten habe. Wenn die SPD einfach so tue, als habe es keine Wahl gegeben und erneut eine Große Koalition eingehe, werde sie bei der nächsten Wahl noch schlechter abschneiden, prophezeit er.

Zu möglichen Koalitionen hält sich Lafontaine bedeckt. Es liege in erster Linie an der SPD, ob sie der CDU hörig bleiben oder eine andere Politik mit einer anderen Mehrheit anstreben wolle. Dem „Kollegen Steinmeier" empfiehlt er, doch einmal mit seinen Parteigenossen im Saarland und in Thüringen zu sprechen. Die seien doch gerade dabei, die „neuen Mehrheiten für neue Bündnisse" zu nutzen, doziert Lafontaine mit triumphalem Blick. In der Tat: An der Saar und in Erfurt spricht nach den Landtagswahlen vom 30. August alles für rot-rote Bündnisse.

SPD-Kanzlerkandidat Steinmeier lässt sich von Lafontaine nicht aus der Reserve locken. Er wiederholt, was er im Wahlkampf stets betont hatte: Die SPD könne mit allen demokratischen Parteien koalieren, jedoch sei „die sogenannte Linke" auf Bundesebene nicht koalitionsfähig. Das Wahlergebnis seiner Partei kommentiert Steinmeier so: Die SPD hätte aufgrund ihrer Rolle in der Großen Koalition ein besseres Ergebnis verdient gehabt. Schließlich habe die Regierung in Vielem nur die Reformen fortgesetzt, die unter Kanzler Gerhard Schröder eingeleitet worden seien.

Steinmeier weist mehrfach darauf hin, dass die CDU/CSU praktisch kaum Stimmen gewonnen habe, obwohl sie die Kanzlerin stelle. Diese Verluste der beiden Koalitionspartner erklärt er mit der leicht gestiegenen Arbeitslosigkeit als Folge der schwachen Weltkonjunktur und der Finanzmarktkrise. „Das hat von den Erfolgen unserer Politik, zu denen Gerhard Schröder die Fundamente gelegt hatte, leider sehr abgelenkt."

Angela Merkel tritt in der Runde eher als Regierungschefin denn als CDU-Vorsitzende auf. Auch sie ist der Meinung, die Große Koalition habe gut gearbeitet und hätte ein besseres Ergebnis verdient gehabt. Ihr Bedauern darüber, dass es für Schwarz-Gelb nicht reicht, äußert sie eher beiläufig. Merkel schließt weder eine Fortsetzung der Großen Koalition noch ein schwarz-gelb-grünes Bündnis aus. „Entscheidend ist, mit wem wir das Beste für unser Land erreichen können."

Merkel warnt die SPD vor einer Kooperation mit der Linken: Die sozialpolitischen Vorstellungen dieser Partei seien nicht finanzierbar, ihr außenpolitischer Kurs hoch gefährlich. Als sie auf den immer noch vorhandenen Einfluss von SED-Kadern hinweist, fällt ihr Lafontaine mit dem Zwischenruf „Das müssen ausgerechnet Sie als ehemalige Jungkommunistin sagen!" ins Wort. Merkel stutzt kurz, macht eine wegwerfende Handbewegung, und spricht dann weiter, ohne auf Lafontaine einzugehen.

Im Gegensatz zu Merkel attackiert CSU-Chef Horst Seehofer den SPD-Kanzlerkandidaten Steinmeier und Linkspartei-Chef Lafontaine frontal. Steinmeier solle hier und jetzt, „vor den Augen der Wählerinnen und Wähler", verbindlich zusagen, dass die SPD sich auf keine Spielchen mit diesen Neo-Kommunisten von der Linkspartei einlassen werde – „keine Tolerierung und schon gar keine Koalition". Lafontaine hält er vor, nur durch eine Politik der Volksverdummung und Wählertäuschung so viele Stimmen bekommen zu haben: „Sie haben das Land schlecht geredet und den Menschen Angst gemacht. Etwas anderes können Sie auch nicht."

Seehofer hält es mit Merkel: Prinzipiell sei beides möglich, Schwarz-Rot oder eine Jamaika-Koalition. Die CSU habe aber „allergrößte Bedenken", ob man mit den Grünen in Berlin genügend Gemeinsamkeiten finden könne. „Bundespolitik ist etwas anderes als schwarz-grüne Kommunalpolitik", bemerkt der CSU-Vorsitzende.

Gleich mehrmals erinnert Seehofer daran, dass die CDU ohne die bayerische Schwester nicht viel bewegen könne. Die CSU habe in Bayern 48 Prozent der Stimmen erreicht; so viele habe die CDU in keinem einzigen Bundesland bekommen. Außerdem: Ohne die CSU wäre die Union nicht die mit Abstand stärkste Fraktion. Die beiden Schwesterparteien würden nun prüfen müssen, mit wem es die größeren Schnittmengen gebe: mit der SPD oder mit FDP und Grünen.

FDP-Chef Westerwelle strahlt sein strahlendstes Guido-Lächeln. Immer wieder weist er auf das „großartige" Abschneiden seiner Partei hin, „das beste Ergebnis der Liberalen seit 47 Jahren". Aber er kann nur schwer die Enttäuschung darüber verbergen, dass es für Schwarz-Gelb wieder nicht gereicht hat. „Sie haben leider Ihre Wähler nicht so gut mobilisieren können wie wir, Frau Bundeskanzlerin."

Westerwelle ruft das Ende von Schwarz-Rot aus: „Wenn der eine Koalitionspartner trotz Kanzlerin stagniert und der andere Partner ganz deutlich verliert, dann ist das eine ‚Koalition der Verlierer'." Deshalb müsse Schluss sein mit der Großen Koalition: „Das gebietet der politische Anstand und der Respekt vor dem Willen der Wählerinnen und Wähler."

Auch Westerwelle vermeidet eine klare Koalitionspräferenz: Die Liberalen seien bereit, jeden Weg mitzugehen, der Deutschland voranbringe. Vor allem müsse die weitere Sozialdemokratisierung des Landes gestoppt werden. Dabei lässt der FDP-Chef gleich zwei Türen weit offen: für eine „Ampel" ebenso wie für „Jamaika". Bei seiner Begründung zieht Merkel indigniert die Mundwinkel nach unten: „Koalitionsverhandlungen mit beiden sozialdemokratischen Parteien werden für uns als Freiheitspartei sicher nicht einfach."

Die Grünen haben Renate Künast in die Runde geschickt, nicht den anderen Spitzenkandidaten Jürgen Trittin. Aus gutem Grund: Künast kann sich eine Zusammenarbeit mit CDU und FDP ebenso vorstellen wie mit SPD und FDP. Wobei sie die Meßlatte gleich hoch legt: Ein Koalitionsvertrag, der nicht am Atomausstieg festhalte, werde von den Grünen nicht unterschrieben. „Das sind wir nicht nur der Umwelt, sondern vor allem unseren Kindern schuldig", verkündet die kinderlose Schnellsprecherin.

Zu Rot-Rot-Grün gibt es kein klares Nein; das war in der Grünen-Führung nicht zuletzt auf Drängen Trittins so vereinbart. Vielmehr führt Künast einen Entlastungsangriff gegen die Linke: „Ich habe ja Fantasie. Aber nicht so viel, um mir eine verantwortungsbewusste Linke vorzustellen, die auf ihren Sozialpopulismus verzichtet." Lafontaine kontert: „So beweglich und beliebig, wie es die Grünen 1999 beim völkerrechtswidrigen Kosovo-Krieg waren, sind wir wirklich nicht." Das löst eine Kakophonie von Zwischenrufen aus.

Der Versuch von ARD-Chefredakteur Ulrich Deppendorf, die Beteiligten zu einer Prognose über die wahrscheinlichste Koalition zu bewegen, führt zu weiteren nebulösen Andeutungen. ZDF-Chefredakteur Nikolaus Brender will mit seiner Schlussfrage von allen Spitzenpolitikern wissen, ob sie Gespräche mit irgendeiner Partei grundsätzlich ausschließen. Merkel, Seehofer und Westerwelle nennen prompt die Linkspartei. Lafontaine verkündet feixend, er habe nicht vor, mit Herrn Westerwelle Koalitionsverhandlungen aufzunehmen.

Künast sagt, die Grünen würden von sich aus keine Koalitionsgespräche anbieten. Da seien die großen Parteien am Zug. Steinmeier windet sich: Selbstverständlich müssten alle Parteien untereinander gesprächsfähig sein. Aber er halte die Linkspartei im Bund für nicht regierungsfähig. Das sage er jetzt zum zigten Male – und mehr habe er dazu nicht zu sagen.

21.27 Uhr, Bundestagslobby:

Der Bundeswahlleiter gibt das vorläufige amtliche Endergebnis bekannt:

	Zweitstimmen 2009	Zweitstimmen 2005	Veränderung in Punkten
CDU/CSU	35,8	35,2	+ 0,6
SPD	30,1	34,2	– 4,1
FDP	11,4	9,8	+ 1,6
Linke	11,5	8,7	+ 2,8
Grüne	7,1	8,1	– 1,0
Sonstige	4,1	4,0	– 0,1
Wahlbeteiligung	71,4	77,7	

Das führt unter Berücksichtigung von 20 Überhangmandaten (11 SPD, 8 CDU und 1 Grüne) zu folgender Verteilung der insgesamt 618 Sitze:

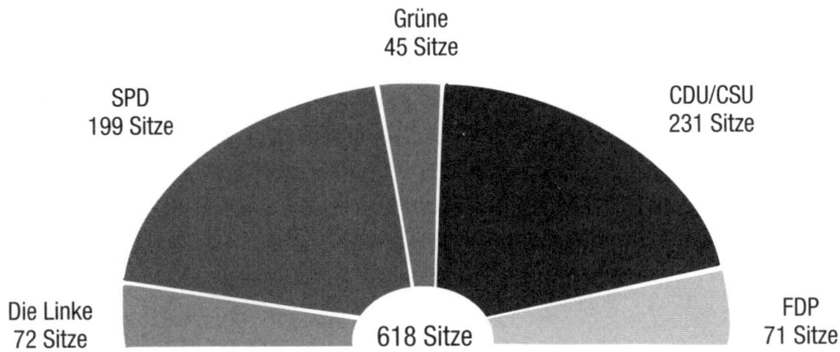

Die Kanzlermehrheit (absolute Mehrheit der Sitze) liegt damit bei 310 Sitzen. Theoretisch ergeben sich damit die folgenden Koalitionsmöglichkeiten:

- Große Koalition 430
- „Jamaika" (CDU, FDP, Grüne) 347
- Rot-Rot-Grün (SPD, Linke, Grüne) 316
- „Ampel" (SPD, FDP, Grüne) 315

Montag – Tag 1 nach der Wahl

Wundenlecken der Schein-Gewinner

Konrad-Adenauer-Haus:

Präsidium und Vorstand der CDU beschließen, mit allen demokratischen Parteien Sondierungsgespräche zu führen. Das erste Gespräch soll mit dem bisherigen Koalitionspartner SPD geführt werden. Darüber besteht Einvernehmen mit der CSU.

Angela Merkel legt Wert auf die Feststellung, dadurch komme keinesfalls eine Präferenz für eine Fortsetzung der Großen Koalition zum Ausdruck. Vielmehr gebiete es der politische Anstand, zuerst mit der Partei zu sprechen, „mit der wir vier Jahre lang gut zusammengearbeitet und viel für Deutschland erreicht haben".

Während der Präsidiumssitzung wird ein Interview des bisherigen Bundestagsabgeordneten Friedrich Merz bekannt. Dieser bezeichnet das „katastrophale Abschneiden" der CDU/CSU als „verdiente Quittung" dafür, dass die Union in der Großen Koalition ihre konservativen Prinzipien vergessen und ihre marktwirtschaftliche Seele verkauft habe.

Auf Fragen von Journalisten zu Merz entgegnet Merkel, in den Gremien-Sitzungen hätten diese Äußerungen „des ehemaligen Abgeordneten Merz" keine Rolle gespielt. „Wir hatten Wichtigeres zu besprechen", fügt sie hinzu.

Willy-Brandt-Haus:

Präsidium und Parteivorstand der SPD danken dem Kanzlerkandidaten Steinmeier für seinen „mit großem Einsatz" geführten Wahlkampf. Der Parteivorsitzende Müntefering erklärt, seine Partei würde sich einem Gesprächswunsch der Union nicht verweigern. Allerdings werde man der Union „auf gleicher Augenhöhe“ begegnen. „So berauschend ist deren Wahlergebnis ja auch nicht“.

Mit FDP und Grünen will die SPD ebenso die entstandene Lage erörtern. „Die Menschen erwarten, dass sich die Politiker zusammensetzen und miteinander reden, wie das unter vernünftigen Leuten üblich ist“, betont Müntefering. Auf Nachfragen versichert er, mit der „sogenannten Linken“ gebe es keinen Gesprächsbedarf – „jedenfalls zur Zeit nicht“.

Johannes Kahrs, der Sprecher des konservativen Seeheimer Kreises in der SPD, hatte in der Vorstandssitzung einen verbindlichen Beschluss gefordert, auf keinen Fall mit der Linken über die Möglichkeit einer rot-rot-grünen Koalition oder der Tolerierung einer rot-grünen Minderheitsregierung zu sprechen.

Dem widersprach Björn Böhning, Sprecher des „Forum demokratische Linke 21“ und enger Mitarbeiter Klaus Wowereits, entschieden. Die Wahl habe die seit 1998 bestehende Mehrheit „diesseits“ von Schwarz-Gelb bestätigt. Es gebiete schon der Respekt vor dem Wähler, dies zumindest zur Kenntnis zu nehmen. Böhning: „Diese strukturelle linke Mehrheit ist ein Fakt. Wir müssen uns aber endlich einmal klar darüber werden, ob wir sie auch wirksam werden lassen.“

Müntefering sagt dazu vor der Presse, man habe diese „Einzelmeinungen“ zur Kenntnis genommen. Mehr gebe es dazu nicht zu sagen. Steinmeier wurde etwas konkreter: „Mit einer Partei, die nicht regierungsfähig ist, braucht man nicht zu sprechen.“

Karl-Liebknecht-Haus:

Oskar Lafontaine, Gregor Gysi und Lothar Bisky betonen nach der Sitzung des Parteivorstandes übereinstimmend, „Die Linke“ richte sich darauf ein, eine kraftvolle Opposition zu sein, für die Rechte von Arbeitnehmern und Rentnern mit ganzer Kraft zu kämpfen und sich weiterhin mit allen parlamentarischen wie außerparlamentarischen Mitteln der Beteiligung der Bundeswehr an völkerrechtswidrigen Kriegen zu widersetzen.

Lafontaine fügt hinzu, selbstverständlich werde sich seine Partei „als eindeutig drittstärkste politische Kraft" keinem Gesprächsangebot anderer Parteien verweigern. Unter schallendem Gelächter der Journalisten meint Gysi: „Wir glauben allerdings nicht, dass CDU, CSU oder FDP uns einladen werden. Aber wenn die Konservativen gute Ratschläge zur Sozialpolitik brauchen, wird das an uns nicht scheitern."

Gysi weist darauf hin, dass es eindeutig wieder eine „rechnerische Mehrheit" für eine Regierung von SPD, „Die Linke" und Grünen gebe. „Das ist deshalb bemerkenswert, weil alle anderen Parteien und ein großer Teil der Medien genau davor gewarnt haben." Auf die Frage, ob man angesichts einer linken Dominanz im Bundestag nicht auch von einer „gesellschaftlichen" Mehrheit für Rot-Rot-Grün spreche könne, antwortet Gysi ausweichen: „Diese Mehrheit ist in der Gesellschaft noch nicht so fest verankert, wie ich das gerne hätte."

Lafontaine lässt offen, ob er weiterhin in der Bundespolitik bleiben oder als Ministerpräsident ins Saarland wechseln werde. Im Saarbrücker Landtag gebe es bei den Mandaten einen Gleichstand zwischen seiner Partei und der SPD sowie eine eindeutige Mehrheit für Rot-Rot. Es liege nun an den Sozialdemokraten, ob sie „eine Krücke für die abgewählte CDU sein wollen oder ob sie mit uns den Beweis erbringen, dass sich soziale Politik gestalten lässt, wenn man es denn will."

Thomas-Dehler-Haus:

Guido Westerwelle gibt sich trotz der verfehlten schwarz-gelben Mehrheit als Wahlsieger. Die FDP habe ein „hervorragendes Ergebnis" erreicht. Wie sehr die Menschen dem Liberalismus zuneigten, zeige sich auch daran, dass die Freien Demokraten bei allen Wahlen seit 2005 Stimmen dazugewonnen haben. „Eine solche Erfolgsgeschichte ist in der deutschen Demokratie einmalig."

Nach Ansicht des FDP-Chefs kann es „keine demokratische Regierung ohne die Liberalen“ geben. Entscheidend für seine Partei sei, in welcher Konstellation sie ein „Optimum“ ihrer freiheitlichen Vorstellungen durchsetzen könne. Das könne in einer Regierung mit CDU/CSU und Grünen der Fall sein, aber auch zusammen mit SPD und Grünen.

Wie Westerwelle berichtet, hat sich die FDP-Spitze auf „Essentials“ für die Aufnahme von Koalitionsgesprächen verständigt. Dazu gehörten die Entlastung der arbeitenden Menschen von Steuern, Abgaben und bürokratischen Auflagen, eine Neuordnung der Sozialpolitik („damit der Staat nur noch denen hilft, die sich nicht selber helfen können“) sowie eine Stärkung der Freiheitsrechte aller Bürger. „Wer mit uns hier zusammenarbeiten will, mit dem wollen wir gerne sprechen.“

Die SPD warnt Westerwelle davor, auch nur mit der Idee einer Einbeziehung der Linken in die Regierungsbildung zu spielen. Das würde 20 Jahre nach dem Fall der Mauer zu einer neuen deutschen Spaltung führen. Westerwelle erinnert die SPD an ihre Aussagen vor der Wahl, eine Zusammenarbeit mit der Linken komme auf Bundesebene nicht infrage. „Es würde die Demokratie in diesem Land nachhaltig beschädigen, wenn die SPD nach dem an den „fantastischen Vier“ in Hessen gescheiterten rot-rot-grünen Experiment nun auch im Bund die Partei klar vor das Land stellen und einen eiskalten Wortbruch begehen sollte. Ich kann die Herren Müntefering und Steinmeier nur warnen, das Misstrauen der Menschen gegenüber der Politik zu vergrößern und unserem Land so nachhaltig zu schaden.“

Bundesgeschäftsstelle von Bündnis 90/Die Grünen:

Die Enttäuschung der beiden Spitzenkandidaten über das schlechte Abschneiden ihrer Partei ist unüberhörbar. „Wir hätten aufgrund unserer konkreten Vorschläge zur Wiederherstellung des sozialen Friedens und zur Bekämpfung der drohenden Klimakatastrophe ein besseres Ergebnis verdient gehabt“, klagt Renate Künast. Jürgen Trittin analysiert das Ergebnis so: „Die Schwäche der SPD hat auf uns abgestrahlt, weil es für Rot-Grün keine Chance gibt.“

Künast und Trittin haben vom Vorstand Rückendeckung erhalten für Gespräche mit allen anderen Parteien. Ausloten, was geht, heißt die Devise. Allerdings betonen beide, dass eine „Ampel" nur möglich wäre, wenn die FDP von ihren unsozialen, neoliberalen Forderungen Abstriche mache, wenn es kräftige Korrekturen bei Hartz IV und bei der Rente mit 67 gebe und es beim beschlossenen Atomausstieg bleibe – ohne Wenn und Aber.

Trotz der guten Erfahrungen mit der schwarz-grünen Landesregierung in Hamburg ist Trittin skeptisch in Bezug auf eine Jamaika-Koalition: „Die Schnittmengen zwischen uns und den neoliberalen Atomparteien CDU und FDP sind gering."

Zur Linkspartei bemerkt Künast, diese sei „noch immer nicht regierungsfähig. Sie bekräftigt auf die entsprechende Frage eines Journalisten jedoch, was sie vor einiger Zeit zum Verhältnis der Grünen zur FDP einerseits und zur Linkspartei andererseits gesagt hatte: „Von allen Parteien ist die FDP am weitesten von uns Grünen entfernt. Der Abstand ist größer als der zur Linkspartei" (F.A.S. vom 9. März 2008).

Franz-Josef-Strauß-Haus, München:

„An uns liegt es nicht, dass es für Schwarz-Gelb nicht gereicht hat", betont Horst Seehofer. Im Gegensatz zur CDU habe die CSU ihre konservativen Werte offensiv vertreten und deshalb die eigenen Wähler viel besser mobilisiert als die Schwesterpartei.

Die CSU hält eine Fortsetzung der Großen Koalition für eine „logische Konsequenz" des Wahlergebnisses. „Allerdings muss die nächste Koalitionsvereinbarung der Tatsache Rechnung tragen, dass die Union mit deutlichem Abstand die stärkste Fraktion stellt." Das müsse sich auch in der Zusammensetzung des Kabinetts niederschlagen. In diesem Zusammenhang fordert die CSU ein drittes Ministerium für sich, und zwar zu Lasten der SPD.

Für ein Jamaika-Bündnis sieht die CSU kaum Chancen: „Mit der grünen Anti-Atompartei lässt sich keine vernünftige Wirtschaftspolitik machen", klagt Seehofer. Zudem seien die Grünen von der Agenda-Politik inzwischen noch weiter abgerückt als die SPD. Schließlich wisse man bei den Grünen seit dem Weggang von Joschka Fischer nicht mehr, wo sie außenpolitisch stünden. Das Fazit des CSU-Vorsitzenden: „Die Grünen sind eigentlich überflüssig geworden."

Dienstag – Tag 2 nach der Wahl

Wahlforscher: Wähler sind enttäuscht und ratlos

Die Wahlanalysen der großen Meinungsforschungs-Institute ergeben ein ziemlich einheitliches Bild: Unter dem deutlichen Rückgang der Wahlbeteiligung hatte vor allem die CDU (weniger die CSU) zu leiden. „Wähler mit konservativen Überzeugungen und einer marktwirtschaftlichen Orientierung wanderten aus Enttäuschung über die CDU zu den Nichtwählern ab", schreibt die „Forschungsgruppe Wahlen". Deutlich Stimmen abgeben musste die Union auch an die FDP.

Bei der SPD gehen die Verluste zu einem geringen Teil auf Wahlabstinenz ihrer Anhänger zurück, zu zwei Dritteln aber auf eine Abwanderung zu den Linken. Umgekehrt profitierte „Die Linke" von Wählerinnen und Wählern der SPD, darunter viele Arbeitslose und Gewerkschaftsmitglieder, von früheren SPD-Wählern, die sich bei der letzten Wahl der Stimme enthalten hatten, und nicht zuletzt von einer „nahezu vollständigen" Ausschöpfung ihres Wählerpotenzials in den neuen Ländern.

Bei der FDP und den Grünen sind die Trends ebenso eindeutig: Enttäuschte Unions-Wähler haben für Zugewinne bei den Liberalen gesorgt. Dagegen wurde das Grünen-Ergebnis negativ davon beeinflusst, dass Sympathisanten dieser Partei wegen der geringen Erfolgsaussichten von Rot-Grün erst gar nicht zur Wahl gingen. In den Großstädten gab es zudem eine signifikante Abwanderung von Wählern der Grünen zur Linkspartei.

Der Wahlforscher Manfred Güllner geht besonders hart mit der SPD ins Gericht: Der auf dem Hamburger SPD-Parteitag Ende 2007 eingeleitete Linksruck der Partei sowie der von der Bundespartei unterstützte Wortbruch der hessischen SPD habe Wähler der Mitte abgeschreckt und zugleich in den ohnehin geschrumpften SPD-Milieus die Hemmschwelle für eine Stimmabgabe zugunsten der Linken gesenkt.

Generell konstatieren die Meinungsforscher bei den Wählern der beiden großen Parteien neben der Enttäuschung über die eigene Partei auch eine gewisse Ratlosigkeit mit Blick auf die Zukunft. „Die Wähler waren sich im Unklaren, zu welcher Regierungs-Konstellation sie letztlich mit ihrer Stimme beitragen", heißt es in der Emnid-Analyse. Diese Ratlosigkeit habe zum Rückgang der Wahlbeteiligung beigetragen.

SPD, CDU und CSU vereinbaren ersten Gesprächstermin

Wie die Generalsekretäre der drei Parteien, Hubertus Heil (SPD), Ronald Pofalla (CDU) und Karl-Theodor zu Guttenberg (CSU) mitteilen, haben sie bereits für kommenden Freitag einen ersten Termin für ein Sondierungsgespräch vereinbart. Dabei wollen die Partei- und Fraktionsvorsitzenden sowie die Generalsekretäre ausloten, unter welchen Bedingungen eine Fortsetzung der Großen Koalition möglich wäre. Vom Ausgang dieses ersten Gesprächs, das gegebenenfalls am Montag nächster Woche fortgesetzt werden soll, werde es abhängen, ob man formelle Koalitionsverhandlungen aufnehmen werde.

CDU, CSU und SPD sind zudem übereingekommen, Gespräche mit anderen Parteien frühestens nach Abschluss dieser Sondierungsrunde aufzunehmen.

Parteienforscher: Einmalige Chance für neu positionierte SPD

Der Göttinger Politologe und SPD-Kenner Professor Franz Walter sieht in dem schlechten Wahlergebnis der SPD die Chance, dass sich die Partei „neu in der halblinken Mitte positioniert und das untere Fünftel der Gesellschaft der Linkspartei überlässt". Diese „gemäßigt soziale, gemäßigt linksliberale, gemäßigt kosmopolitische Partei der gemäßigt halblinken Mitte der deutschen Gesellschaft" könnte zusammen mit Grünen und Linkspartei eine neue Epoche der Politik einleiten, schreibt Walter in seiner Kolumne auf „Spiegel-online".

Das schwache Abschneiden der SPD und der abermalige Erfolg der Linken sind aus Sicht Walters die Folge der im Kern richtigen Reformpolitik von Gerhard Schröder und Franz Müntefering: „Die SPD hat somit den soziologischen und ideologischen Wandel hinter sich. Sie muss es sich nur noch eingestehen und sich dazu auch selbstbewusst bekennen."

Da eine SPD der neuen Mitte zur Integration des unteren Fünftels der Gesellschaft nicht mehr in der Lage ist, so Walter, habe nun die Linkspartei „die zurückgebliebenen und sozial frustrierten Unterschichten gesammelt und eine Merkel-Westerwelle-Koalition dadurch allein arithmetisch unmöglich gemacht."

Walter rät der SPD indirekt, aus der aktuellen Situation das Beste zu machen. Denn die Partei sei koalitionspolitisch optimal platziert. Walter: „Es ist angesichts dieser Position gleich, ob man 25 Prozent oder 30 Prozent der Stimmen bekommt. Man muss das Potenzial nur nutzen, darf nicht in den Jammer über bessere volksparteiliche Zeiten verfallen. Einige Prozent hinter dem großen Konkurrenten zu liegen, durch geschickte Bündnisaktivitäten dennoch den Kanzler zu stellen – das ist die Kunst von Politik, die letztlich imponiert."

Ob die Sozialdemokraten ihre Chance nutzen, lässt der Politologe offen: „Niemand weiß, ob die SPD derzeit dafür Kraft und Souveränität hat. Die Chance dafür jedenfalls existiert."

(Dieser wörtlich sowie in indirekter Rede wiedergegebene Text stammt aus dem Beitrag „Neue Linke Mitte: So kommen die Sozialdemokraten endlich aus der Krise", den Prof. Walter am 1. Juni 2008 in „Spiegel-online" veröffentlicht hat.)

Ypsilanti verlangt „Mut zur sozialen Moderne"

Die hessische SPD-Politikerin Andrea Ypsilanti fordert von der Bundespartei angesichts der politischen Mehrheitsverhältnisse „mehr Mut". Die SPD müsse sich entscheiden, ob sie weiterhin als Juniorpartner in der Großen Koalition „Steigbügelhalter für eine Politik der sozialen Kälte“ sein oder den „Aufbruch in die soziale Moderne“ wagen wolle.

Ypsilanti betonte die weitgehende Übereinstimmung zwischen beiden Parteien in sozialen Fragen. Nur eine rot-rot-grüne Bundesregierung wäre in der Lage, die Macht der Konzerne zu brechen, die Selbstbedienung der Manager zu stoppen und den Arbeitnehmern faire Teilhabe und echte Mitbestimmung zu garantieren. Wenn Frank-Walter Steinmeier diesen Weg nicht beschreiten wolle, dann stünde mit Berlins Regierendem Bürgermeister Klaus Wowereit „ein fortschrittlicher Sozialdemokrat als Kanzlerkandidat“ bereit.

Ypsilanti war 2008 in Hessen zweimal bei dem Versuch gescheitert, mit Unterstützung der Linkspartei, zu regieren. Nach den vorgezogenen Landtagswahlen im Januar 2009 musste sie den Fraktionsvorsitz an den neuen Spitzenkandidaten Thorsten Schäfer-Gümbel abgeben.

Wowereit: „Steinmeier ist und bleibt Kanzlerkandidat.“

Klaus Wowereit hat den Vorschlag, er könnte Kanzler einer rot-rot-grünen Koalition werden, „als reine Fantasie“ zurückgewiesen. Auch wenn er der Analyse der hessischen SPD-Politikerin Ypsilanti „im Kern“ zustimme, brauche die SPD keinen neuen Kanzlerkandidaten. „Unser Kandidat ist und bleibt Frank-Walter Steinmeier“, ließ Wowereit über seinen Sprecher erklären.

CSU-Generalsekretär Karl-Theodor zu Guttenberg sagt dazu, Wowereits Wortwahl spreche für sich. Wann immer im Fußball gesagt werde, „X oder Y ist und bleibt unser Trainer“, wisse jeder, dass der Betreffende vor dem Rauswurf stehe. Guttenberg: „So wie Ypsilanti die hessischen Wähler belogen hat, so will der linke Flügel der SPD die Wähler im Bund belügen.“

Donnerstag – Tag 4 nach der Wahl

„Die SPD muss die Linke in die Verantwortung nehmen"

In den Kommentarspalten der Medien werden die verschiedenen Koalitionsmöglichkeiten durchgespielt. Die Einschätzungen, in welcher Farb-Kombination künftig regiert wird, fallen höchst unterschiedlich aus. Allerdings gibt es auch Kommentatoren, die der SPD dringend raten, über den eigenen Schatten zu springen und auch Rot-Rot-Grün ernsthaft in Erwägung zu ziehen.

So plädiert Hans-Ulrich Jörges im „Stern" in seinem „Zwischenruf aus Berlin" unverhohlen für ein neues linkes Bündnis. Hier einige Auszüge:

„Wollen sich die geschwächten Sozialdemokraten aus dem Joch Großer Koalitionen befreien, müssen sie die linke Option – Rot-Grün-Rot oder andernorts gar Rot-Rot – ebenso selbstbewusst und offensiv vertreten wie die rechte – Rot-Grün, Sozial-liberal oder Ampel mit Grünen und Liberalen." (…)

„Strategisches Ziel der SPD muss vielmehr sein, wenn sie sich schon auf eine Kooperation einlässt, die Linke in Verantwortung zu nehmen, zur Auseinandersetzung mit der Wirklichkeit zu zwingen, ihr den Raum in einer Koalition zuzuweisen, der ihrer Größe entspricht." (…)

„Klaus Wowereit hat in Berlin vorexerziert, wie man eine Koalition mit der Linken erfolgreich führt. Seine SPD hat den Partner von Wahl zu Wahl kleiner regiert, weil der – tief verstrickt in glanzlose, kompromisslerische Alltagsarbeit – als Protestpartei nicht mehr taugt und traumtänzerische Anhänger brüskiert. ‚Neoliberal' hat denn auch Oskar Lafontaine seine Berliner Linken gescholten." (…)

„Der SPD bleibt der Umgang mit der Linken nicht erspart. (…) Das ist unumgänglich, um selbst regierungsfähig und souverän zu bleiben. Es ist sogar notwendig, um die Linke als Konkurrenz zu deckeln und bei ihr innere Klärungsprozesse auszulösen, die sie grundlegend verändern würden. Die jüngeren Pragmatiker der Linken, überwiegend aus dem Osten, warten nur darauf, sich ihrer realitätsverweigernden Ideologen zu entledigen – und auch Lafontaines überwältigenden Einfluss zu kappen. Auf lange Sicht kann eine Annäherung in Koalitionen sogar zur Fusion führen, zu einer vereinigten linken Volkspartei, die dann SPD hieße."

„Bildlich gesprochen, muss die SPD die rote Kirsche schlucken – und den kommunistischen Kern ausspucken. Täte sie das nicht, käme sie in Gefahr, von einem immer mächtiger werdenden Lafontaine geschluckt zu werden – und der würde dann die Stones ausspucken, die Steinmeiers und Steinbrücks."

(Sämtliche Zitate stammen aus dem Jörges-Kommentar „Schluckt die rote Kirsche" im „Stern" Nr. 34/2008 vom 21. August 2008. Der Kommentar befasste sich in erster Linie mit der sich anbahnenden Zusammenarbeit der hessischen SPD mit der Linken.)

Freitag – Tag 5 nach der Wahl

CDU/CSU und SPD vertagen sich ohne Ergebnis / Merkel: SPD muss Wahlniederlage akzeptieren / Müntefering: Mehrheit ohne Union möglich

Nach fünfstündigen Konsultationen sind die Spitzen von CDU/CSU und SPD auseinandergegangen, ohne sich auf das weitere Vorgehen geeinigt zu haben. Die CDU-Vorsitzende Angela Merkel sagt nach dem Treffen in der Parlamentarischen Gesellschaft, die Sozialdemokraten bräuchten wohl noch Zeit, um damit fertig zu werden, dass der Vorsprung der CDU/CSU deutlich größer sei als vor vier Jahren. „Sobald sich die SPD darüber im Klaren ist, dass sie die Wahl verloren hat, werden die Gespräche einfacher", sagt Merkel voraus.

Der SPD-Vorsitzende Müntefering wirft der Union vor, die Augen davor zu verschließen, dass auch Koalitionsmöglichkeiten ohne Union denkbar und möglich seien. Müntefering: „Wenn die Union also meint, sie könne uns die Bedingungen für eine Fortsetzung der Großen Koalition diktieren, dann täuscht sie sich." Die SPD denke nicht daran, „Mehrheitsbeschaffer für eine neoliberale Unions-Politik zu spielen."

Wie aus Teilnehmerkreisen zu erfahren war, hatte die SPD unter anderem folgende Vorbedingungen für die Aufnahme von Koalitionsverhandlungen genannt: Gleiche Ministerzahl für SPD und CDU/CSU, deutliche Erhöhung der Hartz-IV-Bezüge, die Einführung eines gesetzlichen Mindestlohns, Senkung der Einkommensgrenze für die Reichensteuer von 250.000 Euro auf 100.000 Euro, Überprüfung der Auslandseinsätze der Bundeswehr.

Diese Forderungen sollen insbesondere vom CSU-Landesgruppenchef Peter Ramsauer „als völlig unrealistisch" und als „sozialistische Spinnerei" abgelehnt worden sein. Demgegenüber soll CDU-Generalsekretär Ronald Pofalla Vorbedingungen jeder Art abgelehnt, jedoch Gesprächsbereitschaft zu allen Fragen signalisiert haben.

Westerwelle lädt CDU/CSU, SPD und Grüne zu Gesprächen ein

In gleichlautenden Schreiben an die Partei- und Fraktionsvorsitzenden von CDU, CSU, SPD und Grünen sowie an den SPD-Kanzlerkandidaten Steinmeier hat der FDP-Vorsitzende Guido Westerwelle sich für „unvoreingenommene Gespräche zwischen allen demokratischen Parteien und Fraktionen“ ausgesprochen. „Die Verantwortung vor dem Votum der Wähler“ verpflichte alle Parteien zu einem „konstruktiven Miteinander“. Das Land stehe vor so großen Herausforderungen, dass alle Parteien zu einer ehrlichen Zusammenarbeit aufgefordert seien, schreibt Westerwelle weiter.

Die FDP, so Westerwelle, sei bereit, „Verantwortung für unser Land“ zu übernehmen. Dabei gehe es nicht um Posten und Pfründe, sondern „um unseren liberalen Beitrag zur Zurückdrängung des Abgabenstaates, zur Stärkung der Bürgerrechte, zur Verbesserung der wirtschaftlichen Wettbewerbsfähigkeit des Landes und für eine Außenpolitik, die der wachsenden Verantwortung Deutschlands in der Welt gerecht wird.“

Ein FDP-Sprecher erklärt auf Anfrage, es sei „natürlich kein Versehen“, dass die Linkspartei nicht angeschrieben worden sei. „Für eine Politik mit liberalen Akzenten kann die aus der SED hervorgegangene Partei kein Partner sein“, betont er.

Samstag – Tag 6 nach der Wahl

SPIEGEL: „Geheimgespräche zwischen SPD, Linkspartei und Grünen“

Führende Politiker von SPD, Grünen und der Partei „Die Linke“ haben sich bereits am Dienstag nach der Wahl zu einem Geheimgespräch getroffen. Dies berichtet die Zeitschrift „Der Spiegel“ in einer Vorabmeldung. Dabei sollen die stellvertretende SPD-Vorsitzende Andrea Nahles, Grünen-Spitzenkandidat Jürgen Trittin und der Fraktionsvorsitzende der Linken, Gregor Gysi, über die Möglichkeit einer rot-rot-grünen Zusammenarbeit gesprochen haben. Sprecher der drei beteiligten Politiker bestätigen, man habe sich zu einem Gedankenaustausch in der Gaststätte „Wirtshaus Mitte“ unweit des Bundestags getroffen. „Schon die Ortswahl zeigt, dass es sich keineswegs um ein Geheimtreffen gehandelt haben kann“, heißt es dazu aus dem Büro Nahles.

CDU-Generalsekretär Ronald Pofalla fordert umgehend vom SPD-Vorsitzenden Franz Müntefering sowie von Kanzlerkandidat Frank-Walter Steinmeier eine Erklärung zu diesen „heimlichen Vorbereitungen für eine sozialistische Koalition“. Hier bahne sich nach Hessen abermals ein „übler sozialdemokratischer Wahlbetrug“ an.

Ein SPD-Sprecher erwidert, Gespräche zwischen Politikern aller Parteien seien nichts Ungewöhnliches, sondern „das Normalste in einer Demokratie“. Die „künstliche Aufregung des Herrn Pofalla“ solle nur davon ablenken, dass die CDU/CSU eines ihrer schlechtesten Wahlergebnisse seit 1949 erzielt habe.

Müntefering: „Kein Geheimplan für Koalition mit Linkspartei“

„Es gibt keinen Plan für eine Koalition unter Einbeziehung der Linken – keinen geheimen und schon gar keinen offiziellen.“ Mit diesen Worten hat der SPD-Vorsitzende Franz Müntefering in einem Interview mit

„BILD am Sonntag" alle Spekulationen über ein rot-rot-grünes Bündnis zurückgewiesen. „Eine Partei, die im Bund nicht regierungsfähig ist, kann für uns kein Partner sein", sagte Müntefering laut einer Vorabmeldung. Der SPD-Vorsitzende schloss jedoch nicht aus, dass auch die Linkspartei sich eines Tages ändern könne. „Im Augenblick sehe ich das aber nicht", fügte er hinzu.

Özdemir, Roth und Künast gegen Verteufelung der Linken

Der Grünen-Vorsitzende Cem Özdemir hat sich in einem Interview mit der „Welt am Sonntag" gegen die „Verteufelung" der Linkspartei durch Union und FDP gewandt. Beide Parteien hätten in den Achtzigerjahren ebenfalls versucht, die damals neu entstandenen Grünen „zu diffamieren und auszugrenzen", wird Özdemir in einer Vorabmeldung zitiert.

Noch schärfer äußert sich Özdemirs Vorstandskollegin Claudia Roth. „Wer wie CDU und CSU den Nazi-Propagandisten Kiesinger zum Kanzler gemacht hat und den unseligen Nazi-Richter Filbinger zum Ministerpräsidenten, hat jedes Recht verwirkt, an der demokratischen Gesinnung Anderer zu zweifeln", sagt Roth der „tageszeitung". Es gebe in der „Linken" viele Männer und Frauen, an deren „demokratischer Gesinnung kein Zweifel erlaubt ist", fügt Roth hinzu.

Die Grünen-Fraktionsvorsitzende Renate Künast gibt in der bereits am Samstag aufgezeichneten ZDF-Sendung „Berlin direkt" zu erkennen, dass sie Zweifel an der Regierungsfähigkeit der Linken habe. Gleichwohl könne man nicht auf Dauer „die demokratisch gewählten Abgeordneten einer demokratischen Partei" vom politischen Prozess ausschließen, „ganz gleich, ob mir alles gefällt, was die Linke vertritt, oder nicht".

Sonntag – Tag 7 nach der Wahl (1)

Schröder zu Steinmeier: Man muss auch mal was riskieren

Sie waren ein gutes Team, Gerhard Schröder und Frank-Walter Steinmeier. Als Chef der Staatskanzlei hielt Steinmeier dem Ministerpräsidenten Schröder in Hannover den Rücken frei, sorgte dafür, dass in Niedersachsen nichts anbrannte, während sein Chef den SPD-Vorsitzenden Rudolf Scharping bekämpfte und Oskar Lafontaine beim Griff nach der Kanzlerkandidatur austrickste.

Im Kanzleramt – zuerst in Bonn, dann sechs Jahre lang in Berlin – war es nicht anders: Steinmeier regierte nach Innen, Schröder stellte die Politik nach Außen dar. Schröder hat es seinem Steinmeier gedankt und ihn nach der verlorenen Bundestagswahl 2005 mit seinem verbliebenen Einfluss als Außenminister der Großen Koalition durchgesetzt. Ex-Innenminister Otto Schily hat das damals sehr getroffen.

Der neue Außenminister ist zwar „not amused", wenn der Kanzler a. D. im Dienst von Gazprom quasi als Putin-Sprecher für Westeuropa agiert. Gleichwohl: Die freundschaftliche Verbindung hatte darunter nicht gelitten. Und als es darum geht, den tapsigen SPD-Vorsitzenden Beck zu stürzen und durch Steinmeier zu ersetzen, zieht Schröder hinter den Kulissen an allen verfügbaren Strippen.

Steinmeier und Schröder pflegen seit 2005 einen regelmäßig-unregelmäßigen Gedankenaustausch per Telefon. Der findet meistens sonntags statt – so auch jetzt, genau eine Woche nach der Wahl:

Schröder: Na, Herr Kanzlerkandidat, wie ist die Lage?

Steinmeier: Kanzlerkandidat? Ich war doch eher Konkursverwalter.

Schröder: Weiß ich doch. Aber mit dem Pfälzer wären wir auf 25 Prozent abgesackt.

Steinmeier: Aber unser Ergebnis reicht nicht zum Leben und nicht zum Sterben. Und für die Dame noch mal den Mehrheitsbeschaffer zu spielen, hab' ich auch keine große Lust.

Schröder: Bist wohl noch sauer, dass sie Dir außenpolitisch immer die Schau gestohlen hat. Aber das haben wir ja damals mit dem Joschka nicht anders gemacht, oder? (lacht).

Steinmeier (seufzt): Aber es macht mehr Spaß, den Kellner springen zu lassen, als selber herumgescheucht zu werden.

Schröder: Genau. Und deshalb muss Schluss sein mit dieser Großen Koalition.

Steinmeier: Das geht ja nur mit einer Ampel. Ich spreche ja ständig mit Westerwelle und Trittin. Die wollen ja beide unbedingt wieder regieren. Der Westerwelle hat auch Druck in den eigenen Reihen …

Schröder: Kann ich mir vorstellen. Solms und Brüderle wollen ja in diesem Leben unbedingt noch Bundesminister werden.

Steinmeier: So ist es. Aber wir kommen nicht voran. Erstens lockt die Merkel die FDP und die Grünen immer wieder mit unanständigen Angeboten. Das treibt natürlich die Preise. Was aber viel entscheidender ist: Wenn ich mit den einen eine Kompromisslinie gefunden habe, sperren sich die anderen.

Die können einfach nicht miteinander.

Schröder: Wer kann nicht mit wem? Westerwelle und Trittin persönlich? Oder FDP und Grüne?

Steinmeier (seufzt tief): Sowohl als auch. Da geht politisch nicht viel und menschlich schon gar nichts.

Schröder: Dann musst Du eben springen!

Steinmeier: Wohin denn?

Schröder (lacht laut): Nach Kuba natürlich.

Steinmeier: Ist das Dein Ernst: Wir sollen es mit Grünen und Linkspartei probieren? Eine Kuba-Koalition?

Schröder: Ja, was bleibt uns denn übrig? Noch mal vier Jahre Große Koalition und der Oskar und seine Truppe klettern auf 18 bis 20 Prozent und wir sind wieder die Blöden.

Steinmeier: Und bei einer Ampel haben wir täglich zweimal eine Koalitionskrise, weil FDP und Grüne sich ständig beharken.

Schröder: Also mein Freund: Nur Mut. Früher, als wir noch jung waren, hätten wir gesagt: Du hast keine Chance, also nutze sie (lacht).

Steinmeier: Aber da wäre ich doch völlig unglaubwürdig – ausgerechnet Steinmeier als Kanzler einer rot-rot-grünen Koalition. Schließlich habe ich seit dem Schwielowsee immer gesagt, mit den Linken geht gar nichts. Wenn ich jetzt das Gegenteil mache, wie stehe ich denn da? Wie die Ypsilanti: völlig unglaubwürdig. Und die Partei auch.

Schröder: Was heißt denn hier unglaubwürdig? Politiker müssen Antworten finden, nicht ständig Fragen erfinden.

Steinmeier: Aber meine Standard-Antwort hat doch immer gelautet, wir werden auf keinen Fall mit den Linken koalieren. Habe ich erst heute Morgen wieder im Deutschland-Radio wiederholt. Ich kann das ja schon selber nicht mehr hören.

Schröder: Jetzt tu' mal nicht so: Wir haben auch vieles versprochen, was wir nicht gehalten haben. Na und? (Lacht dröhnend.) Wenn wir im Wahlkampf 2002 gesagt hätten, dass wir ein halbes Jahr später die „Agenda 2010“ starten, dann wäre der Bayer damals Kanzler geworden. Also, sei mal nicht so pingelig.

Steinmeier: Mal rein theoretisch: Wenn wir schon was mit den Linken machen, wäre dann nicht der Klaus der ideale Kanzler? Der zeigt doch in Berlin, dass Rot-Rot ganz gut geht.

Schröder: Auf keinen Fall. Dass der Wowereit lieber heute als morgen mit dem Oskar ins Bett möchte (lacht) – also, Du weißt schon, wie ich das meine … Also: Wir können doch nicht die Richtung wechseln und die Personen gleich mit. Und deshalb kannst nur Du das machen.

Steinmeier: Was die Außenpolitik angeht, hast Du sicher Recht.

Schröder: Ja, das auch. Aber was noch wichtiger ist: Du bist als Gegner jeden rot-roten Techtelmechtels bekannt. Wenn Du das also machst, dann wissen die Leute: Es geht nicht anders.

Steinmeier: Ob die Wähler das abkaufen?

Schröder: Die eigene Partei muss das abkaufen, die Seeheimer, und die Netzwerker und wie all die selbst ernannten Retter der wahren Sozialdemokratie heißen. Wenn der Wowereit denen sagt, wir müssen es mit den Linken versuchen, sehen die Rot. Wenn Du das sagst, dann sagen sie erst nein – und schlucken es dann doch.

Steinmeier: Die werden heftige Schluckbeschwerden haben …

Schröder: Hatten die 1998 bei Rot-Grün auch. Und wie schwer erst taten sich unsere Linken mit der Agenda 2010?

Steinmeier (seufzt): Weiß Gott … Aber selbst wenn die Partei und die Fraktion mitziehen, die Medien werden über uns herfallen.

Schröder: Klar, für ein paar Tage. Aber dann werden die es interessant finden und spannend, selbst die Springer-Bengel.

Steinmeier: Na ja, die WELT ist ja sehr vernünftig geworden. Aber BILD werden wir gegen uns haben, und natürlich die FAZ.

Schröder: Die FAZ? Pfeif auf die FAZ! Die stockkonservativen Studienräte und die grün angehauchten Bankiers-Gattinnen, die das Blatt lesen, haben uns noch nie gewählt. Die sollen schreiben, was sie wollen.

Steinmeier: Du solltest das Standing der FAZ in der Kulturszene nicht unterschätzen. Wir brauchen die Künstler als Multiplikatoren.

Schröder: Das Feuilleton der FAZ kannst Du Dir kaufen. Da musst Du nur dem Schirrmacher einiges exklusiv anbieten. Außerdem wird der sich darin gefallen, als erster sogenannter Konservativer über „neue Mehrheiten für neue Aufgaben" oder so ähnlich zu philosophieren.

Steinmeier: Bist Du Dir da so sicher? Das sind dort doch alles Angie-Fans.

Schröder: Wirst Du etwa alt und vergesslich (lacht)? Kannst Du Dich nicht mehr daran erinnern, wie der Schirrmacher sich schon im Sommer 1998 an mich ranschmiss, als die Umfragen für seinen Freund und Förderer Kohl immer schlechter wurden?

Steinmeier: Hatte ich ganz vergessen. Richtig: Der unterhielt sich damals sogar mit Dir im Fernsehen über Literatur. Was haben wir uns amüsiert … (beide lachen). Aber zurück zum Eigentlichen: Du würdest es ernsthaft mit Rot-Rot-Grün versuchen, wirklich?

Schröder: Du hast doch gar keine andere Wahl. Mit der Ampel wird das nie was. Der Schwesterwelle und der Trittin werden sich bei so gut wie nichts einigen. Deshalb kann auch die Mutti von Jamaika träumen, so lange sie will …

Steinmeier: Aber ich werde zunächst mal an zwei Fronten verhandeln: Mit der CDU/CSU einerseits und mit FDP und Grünen andererseits.

Schröder: Auf alle Fälle. Dann lässt Du die Große Koalition platzen, weil die Union neoliberale Rückfälle erleidet …

Steinmeier: Das wird die leichteste Übung.

Schröder: Und dann setzt Du FDP und Grünen die Pistole auf die Brust, bis die sich gegenseitig erschießen (lacht laut und lange).

Steinmeier: Und wenn die sich dann doch an die Rockschöße der CDU-Mutti hängen?

Schröder: Machen die nicht. Bei Jamaika sind die Grünen doch ziemlich isoliert. Da macht deren bekloppte Basis nie und nimmer mit. Außerdem kann man dem Trittin und der Roth ja zu verstehen geben, dass es noch eine andere Lösung gibt ...

Steinmeier: Wir sollten vielleicht unseren Linken sagen, dass sie vorerst das Gerede über Rot-Rot-Grün einstellen. Am besten rede ich mal mit dem Klaus. Wenn wir Rot-Rot-Grün machen, kann er Parteivorsitzender werden. Und der ist ja nicht blöd', der weiß ja, dass ich 2013 schon über 60 bin.

Schröder: Du musst ja auch mal ans Geld denken, mein Lieber. Von dem lausigen Kanzlergehalt kann man nicht anständig leben, jedenfalls nicht lange.

Steinmeier (ärgerlich): Ans Geld denk' ich jetzt wirklich nicht.

Schröder: Is' ja gut, sollte ein Scherz sein.

Steinmeier: Also jetzt mal im Ernst: Jetzt raus aus der Großen Koalition und rein in eine rot-rot-grüne, das nehmen uns die Menschen nicht ab. Da haben wir eine Wortbruch-Debatte am Hals, und was für eine! Dagegen war das Getöse um Ypsilantis Lügerei ja nur ein leises Gesäusel.

Schröder: Is' nicht von der Hand zu weisen. Da kommt mir eine Idee. Wie wär's, Du machst erst mal mit der CDU-Mutti weiter ...

Steinmeier (ungehalten): ... nicht sehr originell ...

Schröder: ... und dann lasst ihr die Große Koalition im nächsten Jahr platzen. Wenn der Obama mehr deutsche Truppen in Afghanistan will oder so und die CDU begeistert dabei ist. Ein Grund lässt sich ja immer finden. Übrigens: Ihr habt doch immer gesagt, 2009 geht nichts mit den Linken. Von später war ja wohl nie die Rede.

Steinmeier: Mhm, ein Koalitionswechsel 2010 oder 2011, das sähe dann nicht so nach Wortbruch aus, eher als Benutzung des Notausgangs. Muss ich mal mit dem Franz besprechen. Werde mal testen, wie der dazu steht.

Schröder: Der Franz ist ein Parteisoldat. Der will, dass die SPD wieder auf die Beine kommt. Und wenn ihm der Teufel dabei hilft, dann koaliert der mit dem. Also: Entweder springt Ihr sofort. Oder ihr lasst die CDU-Tussi erst in einem Jahr über die Klinge springen (lacht dröhnend).

Steinmeier: Okay, ich denke drüber nach. Tschüß Gerd.

Schröder: Ja, tschüß – und good luck.

Sonntag – Tag 7 nach der Wahl (2)

Anne Will: „Die Wahl ist vorbei, die Qual geht weiter"

Eine Woche nach der Bundestagswahl geht es bei „Anne Will" wie schon in den Talk-Shows der vergangenen Woche um die Frage, wie die neue Bundesregierung aussehen könnte. Zugleich soll die Frage erörtert werden, „inwieweit die ungeklärten Mehrheitsverhältnisse im Saarland, in Thüringen und in Brandenburg die Lage in Berlin beeinflussen", wie es in der Ankündigung der ARD heißt.

Die Gäste: Klaus Wowereit (SPD), Ronald Pofalla (CDU), Oskar Lafontaine (Die Linke), Guido Westerwelle (FDP), Jürgen Trittin (Grüne) und der Stern-Kolumnist Hans-Ulrich Jörges. Auf der Couch: ein selbständiger Architekt aus Nordrhein-Westfalen, der am 27. September nicht gewählt hat, obwohl er CDU-Mitglied ist. Der zweite Couch-Gast: Ein Busfahrer aus dem Saarland, der im Frühjahr 2008 aus der SPD aus- und in die Linkspartei eingetreten ist.

Hier einige Auszüge:

Will (sitzt auf der Couch bei den beiden Nichtpolitikern): Meine Damen und Herren, heute sollen zuerst einmal zwei Bürger zu Wort kommen. Ich begrüße Herrn Franz Ludwig, Architekt aus Düsseldorf und CDU-Mitglied. Und Herrn Karl-Heinz Sobotzki aus Saarbrücken. Herr Sobotzki war 18 Jahre lang SPD-Mitglied …

Sobotzki: … 21 Jahre lang …

Will: … also gut, 21 Jahre in der SPD, und ist vor ein paar Monaten …

Sobotzki: … im Frühjahr 2008, das ist wohl länger her als ein paar Monate …

Will: ... okay, vor mehr als einem Jahr ist Herr Sobotzki zusammen mit vielen seiner Kollegen aus der SPD ausgetreten und zur Linken gewechselt. Guten Abend, meine Herren. Beginnen wir mit Herrn Ludwig: Sie sind am vergangenen Sonntag bewusst nicht zur Wahl gegangen – wie viele andere frühere CDU-Wähler auch. Denken Sie nicht manchmal, wenn ich die CDU gewählt hätte, hätte es vielleicht doch für Schwarz-Gelb gereicht?

Ludwig: Nein, daran verschwende ich keinen Gedanken. Die CDU hat sich ja in den letzten Jahren so entwickelt, dass Koalitionsverhandlungen mit der FDP wohl sehr, sehr schwierig geworden wären. Die CDU war einmal eine marktwirtschaftliche Partei ...

Will: Sie hätten doch auch FDP wählen können?

Ludwig: Das habe ich mir schon überlegt. Aber die Vorstellung, ich wähle die FDP und die legt sich dann mit SPD und Grünen ins Koalitionsbett, also ich weiß nicht.

Will: Nun zu Ihnen, Herr Sobotzki. Ihre neue Partei, die Linke, ist der eigentliche Wahlsieger – an der Saar und im Bund. Aber noch ziert sich die SPD in Saarbrücken, mit der Linken zu koalieren, von Berlin ganz zu schweigen. War ihr Engagement also vergeblich?

Sobitzki: Nee, nee. Wir haben dafür gesorgt, dass die SPD für ihren Schmusekurs mit der CDU eins auf die Mütze gekriegt hat. Und deshalb ist die Große Koalition am Ende. Das haben wir, die Linke, hingekriegt. Wenn wir nicht so stark geworden wären, hätte der Müntefering doch mit der Merkel einfach denselben Mist weitergemacht.

Nach einigen weiteren Fragen an die beiden Gäste nimmt Anne Will in der Runde Platz und beginnt mit der Befragung der Politiker. Die erklären sich zunächst einmal allesamt zu Wahlsiegern: (Wowereit: „Vor einem Jahr lagen wir noch bei 22, 23 Prozent“; Pofalla: „Wir haben den Abstand zur SPD im Vergleich zu 2005 verfünffacht“; Trittin: „Die Wähler haben uns so stark gemacht, dass ohne uns kein Dreierbündnis möglich ist“; Westerwel-

le: „Das beste Ergebnis seit 1961“) wendet sich die Moderatorin an den Journalisten Jörges:

Will: Herr Jörges, Sie haben neulich im „Stern“ der SPD „Mut zur Wirklichkeit“ empfohlen. Was meinen Sie damit?

Jörges: Also, die Formulierung lautete, die SPD solle den Mut aufbringen, die linke Mehrheit im Bundestag in eine linke Mehrheitsregierung zu transformieren.

Will: Soll heißen?

Jörges: Wir haben drei Parteien links von der Mitte: die SPD, die Grünen und die Linke. Und die drei zusammen haben eine klare Mehrheit im Bundestag. Und wenn drei linke Parteien zusammen die Mehrheit haben, dann sollen sie auch regieren.

Pofalla: Aha, Sie empfehlen der SPD also denselben Wortbruch wie in Hessen …

Wowereit: Die CDU hatte 2005 eine Große Koalition ja auch strikt ausgeschlossen …

Pofalla: Das war ja wohl was anderes.

Will: Herr Trittin, ob Wortbruch oder nicht …

Westerwelle: Mit Verlaub, verehrte Frau Will, das Thema Wortbruch ist zu schwerwiegend, als dass man das Herrn Wowereit einfach durchgehen lassen könnte.

Will: Sie kommen ja noch zu Wort, Herr Westerwelle …

Lafontaine: Wer den Einsatz der Bundeswehr in völkerrechtswidrigen Kriegen befürwortet, also den permanenten Verfassungsbruch bejaht, der sollte sich beim Thema Wortbruch nicht so echauffieren …

Will: Stopp, meine Herren. Jetzt hat Herr Trittin das Wort. Meine Frage: Werden Sie eher Frau Merkel zur Kanzlerin einer Jamaika-Koalition mitwählen oder doch lieber Herrn Steinmeier an der Spitze einer Ampel?

Trittin: Ich konstatiere zunächst einmal, dass uns sowohl die SPD als auch die Union Avancen macht. Das hat es so noch nicht gegeben. Die Angebote der CDU sind beispielsweise viel konkreter als noch 2005. Aber uns trennt natürlich mehr von der Union als von den Sozialdemokraten. Nehmen Sie nur die Atomenergie. Die Union würde am liebsten mehrere neue Atommeiler bauen …

Pofalla: Das ist eine Unterstellung …

Trittin: Soll ich Ihnen mal zitieren, was zum Beispiel ihr famoser Wirtschaftsminister Glos dazu sagt?

Will: Herr Trittin, dass die Grünen eine andere Energiepolitik verfolgen als die Union, ist bekannt. Aber ob Jamaika oder Ampel – sie müssten ja auch mit der FDP klarkommen?

Westerwelle: Mit Verlaub, Frau Will: Dazu muss ich jetzt auch mal was sagen. Wir Freien Demokraten sind bereit, im Interesse des Landes zur Bildung einer stabilen Regierung beizutragen. Und wir werden tun, was wir können, um die Linke von der Macht fernzuhalten …

Lafontaine: Na, dann strengen Sie sich mal schön an …

Will: Jetzt würde mich mal interessieren, wie Herr Wowereit die Lage einschätzt. Sie gelten ja als der heimliche Kanzlerkandidat einer rot-rot-grünen Regierung?

Wowereit: Ich und Kanzlerkandidat? Das hat mir bisher noch niemand gesagt.

Pofalla: Nicht mal Frau Nahles?

Wowereit: Ich sage es auch für Herrn Pofalla gerne noch einmal: Unser Kanzlerkandidat heißt Frank-Walter Steinmeier.

Will: Der stünde aber für Rot-Rot-Grün nicht zur Verfügung, oder?

Jörges: Das bezweifle ich sehr ...

Wowereit: Wir müssen doch einmal die Lage nüchtern sehen ...

Lafontaine: Ganz nüchtern: Sie haben im Bund nochmals zehn Prozent Ihrer Wähler eingebüßt und im Saarland noch mehr.

Jörges: Wo Lafontaine Recht hat, hat er Recht.

Will: Herr Lafontaine, was nützen Ihnen Ihre Stimmengewinne, wenn Sie keinen Koalitionspartner haben?

Lafontaine: Also wir regieren in Berlin zusammen mit der SPD. In Hessen könnten wir längst zusammen mit Frau Ypsilanti und Herrn Al-Wazir regieren, wenn bei der SPD nicht plötzlich vier Fraktionsmitglieder Wortbruch begangen hätten.

Pofalla: Wortbruch? Den hat doch wohl Frau Ypsilanti ...

Lafontaine: Wer bei geheimen Probeabstimmungen ...

Westerwelle: Das ist doch wohl der Gipfel, frei gewählten Abgeordneten vorzuwerfen, dass sie ihr Wort gehalten haben.

Lafontaine: Wer bei geheimen Probeabstimmungen ja sagt, zu Rot-Rot-Grün, und dann plötzlich sein Gewissen entdeckt, der ...

Pofalla: ... Sie sollten das Gewissen frei gewählter Abgeordneter ...

Will: Meine Herren, lassen Sie doch Herrn Lafontaine mal ausreden.

Lafontaine (breit grinsend): In Hessen ist ein Machtwechsel an der SPD gescheitert. Aber im Saarland und in Thüringen gibt es immer mehr SPD-Politiker, die eine rot-rote Landesregierung einer Großen Koalition vorziehen. Und in Brandenburg überlegt der Ministerpräsident Platzeck aus gutem Grund, ob er nochmals mit dieser notorisch zerstrittenen CDU koalieren soll oder nicht doch besser auf eine geschlossene und berechenbare Linke setzt …

Pofalla: Weil der Wortbruch bei der SPD inzwischen Methode …

Wowereit: Nehmen Sie doch mal endlich zur Kenntnis …

Trittin: Jedenfalls hat die Linkspartei als Wählerschreck ausgedient, ob einem das gefällt oder …

Westerwelle: Armes Deutschland, armes Deutschland …

Will: Meine Herren, meine Herren! Wir haben nur noch eine Minute …

Westerwelle: Mit Verlaub, Frau Will …

Will: … und da möchte ich eine abschließende Frage an den Kollegen Jörges richten. Wir haben ungeklärte Mehrheitsverhältnisse nicht nur im Bundestag, sondern auch in den Landtagen an der Saar, in Brandenburg und in Thüringen. Wagen Sie eine Prognose, wie sich das lösen lässt?

Jörges: Wir haben ein Fünf-Parteien-System mit drei Parteien links von der Mitte und zwei rechts von der Mitte. Deshalb wird die SPD gar nicht darum herumkommen, die Linke in die Regierungsbildungen miteinzubeziehen …

Westerwelle: Das bedeutet den Marsch in den Sozialismus.

Will: Meine Herren, wir sind am Ende.

Westerwelle: In der Tat. Armes Deutschland.

5. Oktober – Tag 8 nach der Wahl

BILD: Lafontaine will rot-rot-grüner Bundesregierung nicht im Weg stehen

Oskar Lafontaine, Partei- und Fraktionsvorsitzender der Partei „Die Linke", wäre zu einem Rückzug aus dem Bundestag bereit, wenn dadurch die Bildung einer rot-rot-grünen Bundesregierung erleichtert würde. Laut BILD soll Lafontaine dies dem SPD-Vorsitzenden Franz Müntefering in einem Vier-Augen-Gespräch am Montagvormittag angeboten haben. Ihm gehe es um einen Politik-Wechsel, nicht um persönliche Ambitionen, habe Lafontaine dem SPD-Vorsitzenden versichert.

Wie BILD vorab weiter berichtet, will Lafontaine weiterhin Ministerpräsident einer rot-roten Regierung im Saarland werden. Doch habe Lafontaine dem SPD-Vorsitzenden versichert, es gehe ihm keineswegs um ein Tauschgeschäft „Ministerpräsident gegen Bundestagsmandat". Im Saarland verfügen SPD und „Die Linke" über dieselbe Zahl von Mandaten.

Den Anspruch auf seine Rückkehr in das Amt des saarländischen Regierungschefs leite Lafontaine vielmehr aus der Stärke der eigenen Partei an der Saar ab. In einer Großen Koalition mit der CDU wäre die Saar-SPD nur der einflusslose Juniorpartner. Bei einer Zusammenarbeit mit der Linken könne die SPD dagegen Politik „im Geiste Willy Brandts" mitgestalten. Die SPD habe an der Saar die Wahl „zwischen dem abgewählten CDU-Ministerpräsidenten Müller und einer neuen, sozialen Politik mit einem Ministerpräsidenten Lafontaine", soll Lafontaine zu Müntefering gesagt haben. Als Quelle nennt BILD einen „engen Vertrauten" des Vorsitzenden der Linken.

Der SPD-Vorsitzende Franz Müntefering wird von BILD so zitiert: „Viele Sozialdemokraten haben nicht vergessen, auf welche Weise und unter welchen Umständen Oskar Lafontaine 1999 den Parteivorsitz niedergelegt und sein Ministeramt aufgegeben hat. Da ist manche Verletzung zurückgeblieben, die heute manchem Sozialdemokraten eine Zusammenarbeit mit Lafontaine schwer oder gar unmöglich macht." Müntefering deutete an, dass eine Beschränkung Lafontaines auf die Landespolitik zu einer neuen Lage führe könnte. „Das gilt für die persönliche Ebene, aber nicht für die Unterschiede zwischen der SPD und der anderen Partei", hob Müntefering hervor.

Müntefering und Lafontaine lehnen jede Stellungnahme dazu ab, ob bei ihrer Begegnung auch darüber gesprochen worden sei, ob auch in Thüringen und Brandenburg nicht rot-rote Koalitionen gebildet werden sollten. Man habe sich über die Lage nach den Bundestagswahlen ausgetauscht, heißt es dazu aus dem Willy-Brandt-Haus.

Wolf: Lafontaine schaltet auf Regierung um

Aus der Sicht von Harald Wolf, dem der Linken angehörenden Berliner Wirtschaftssenator, hat Oskar Lafontaine sich nach dem Wahlerfolg seiner Partei von seiner bisherigen Politik der Fundamental-Opposition verabschiedet. Er habe seinen Leuten immer gesagt, „Ihr werdet sehen, wie schnell Lafontaine von Opposition auf Regierung umschalten kann", wird Wolf von „zeit.de" zitiert. Und genau so sei es jetzt gekommen.

(Das wörtliche Wolf-Zitat stammt aus: „Die Zeit" vom 30. April 2008)

8. Oktober – Tag 11 nach der Wahl

Schwarz-Rot: Auf ein Neues

Die vierte Verhandlungsrunde zwischen CDU, CSU und SPD bringt den Durchbruch: Die Große Koalition wird fortgesetzt. Die Bundeskanzlerin und CDU-Vorsitzende Angela Merkel stellt nach der sechsstündigen Sitzung im Willy-Brandt-Haus fest, „aus Verantwortung für unser Land“ sei das die beste Lösung. Sie selber hätte auch eine „Jamaika-Koalition“ für möglich gehalten. Doch habe sich schnell herausgestellt, dass es zwischen den nach links gerückten Grünen und den Liberalen zu wenige Schnittmengen gebe. „Wir sind gewählt worden, um unsere Pflicht zu tun“, fügt die Kanzlerin hinzu. „Und unsere Pflicht war und ist es, im Interesse des Landes eine stabile Regierung zu bilden.“

SPD-Kanzlerkandidat Frank-Walter Steinmeier begrüßt die Einigung. „Wir Sozialdemokraten haben uns noch nie vor der Verantwortung gedrückt, wenn das Land uns braucht.“ Er räumt ein, dass ihm persönlich eine Ampel-Koalition unter seiner Führung lieber gewesen wäre. Es sei aber leider nicht möglich gewesen, die „neoliberale FDP“ für eine sozial ausgewogene Politik zu gewinnen.

Der CSU-Vorsitzende und bayerische Ministerpräsident Horst Seehofer sagt, angesichts der Mehrheitsverhältnisse im Bundestag habe es keine realistische Alternative zur Fortsetzung von Schwarz-Rot gegeben. Die CSU werde aber darauf achten, dass in den nächsten vier Jahren die Interessen der mittelständischen Wirtschaft im Regierungsalltag stärker berücksichtigt würden.

Der SPD-Vorsitzende Franz Müntefering wertet es als einen Erfolg, dass SPD und Union auch in den nächsten vier Jahren „auf Augenhöhe“ zusammenarbeiten wollen. Das zeige sich unter anderem daran, dass es bei jeweils acht Kabinettsmitgliedern für beide Seiten bleibe. Die SPD habe der Unionsseite jedoch drei zusätzliche parlamentarische Staatssekretäre zugestanden, „weil es uns in erster Linie auf die Politik ankommt, nicht auf Posten".

Auf Fragen von Journalisten, warum die SPD sich nicht ernsthaft um eine Koalition mit Linkspartei und Grünen bemüht habe, antwortet Müntefering, das sei keine realistische Option gewesen: „Wir haben vor der Wahl gesagt, dass ‚Die Linke' im Bund 2009 noch nicht koalitionsfähig ist. Danach handeln wir auch nach der Wahl. Sozialdemokraten sind eben glaubwürdig." Auf den Zuruf eines Journalisten, „wie in Hessen", geht Müntefering nicht ein.

„Die Welt": Koalitionsvereinbarung betrifft nicht die Länder

Offenbar hat die CDU/CSU in den Koalitionsverhandlungen versucht, mit der SPD Absprachen über Große Koalitionen in den Ländern zu erzielen, ist aber damit gescheitert. Das berichtet die Zeitung „Die Welt" in ihrer Online-Ausgabe.

Dem Bericht zufolge hat vor allem CDU/CSU-Fraktionschef Volker Kauder darauf gedrungen, die Bundes-SPD solle in die laufenden Koalitionsgespräche im Saarland, in Thüringen und in Brandenburg eingreifen und die sich dort anbahnenden rot-roten Bündnisse verhindern. Dies habe die SPD unter Verweis auf die Eigenständigkeit der SPD-Landesverbände abgelehnt.

Koch: „Das kann nicht gut gehen"

Der hessische CDU-Vorsitzende, Ministerpräsident Roland Koch, sieht die Fortsetzung der Großen Koalition sehr skeptisch. „Ich habe nicht den Eindruck, dass die SPD wirklich auf den gemeinsamen Erfolg setzt", sagt er der „Neuen Osnabrücker Zeitung". Koch äußert den Verdacht, dass die SPD an der Saar, in Thüringen und Brandenburg auf Rot-Rot setze, um über den Bundesrat der Großen Koalition das Regieren zu erschweren. Deshalb habe er große Zweifel, ob die Große Koalition vier Jahre durchhalten werde.

Koch unterstellt den Sozialdemokraten indirekt ein falsches Spiel: „Die SPD-Strategie läuft doch darauf hinaus, in möglichst vielen Ländern rot-rote Bündnisse zu schmieden, um so über den Bundesrat linke Positionen durchzusetzen." Auf diese Weise werde systematisch der Boden für eine rot-rote Bundesregierung vorbereitet. Koch erinnert daran, dass ein rot-rot-grünes Bündnis in Hessen im Jahr 2008 nicht an der Bundes-SPD gescheitert sei, sondern an „vier anständigen SPD-Abgeordneten", die den von Müntefering und Steinmeier abgesegneten Wortbruch-Kurs nicht mitmachen wollten. Koch: „Franz Münteferings Herz schlägt für Rot-Rot. Weil er genau weiß, dass die Sozialdemokarten nur so wieder Regierungschefs stellen können."

SPD: Merkel soll Koch „an die Leine" nehmen

Mit scharfen Worten weist SPD-Sprecher Stefan Giffeler die Unterstellung Kochs zurück, die SPD treibe ein doppeltes Spiel: „Die Position der SPD gegenüber der sogenannten Linkspartei ist klar: nicht im Bund." Deshalb müsse Koch mit seinen „unsäglichen Unterstellungen" Schluss machen: „Wer seine ausländerfeindlichen Wahlkämpfe mit Geld aus angeblichen jüdischen Vermächtnissen finanziert hat, hat jedes Recht verloren, an der Aufrichtigkeit anderer zu zweifeln." Der SPD-Sprecher fordert die CDU-Vorsitzende Merkel auf, „im eigenen Laden" für Ordnung zu sorgen und „den Terrier Koch an die Leine zu nehmen".

16. Oktober – knapp drei Wochen nach der Wahl

Rot-rote Welle in den Ländern

Während das Hauptinteresse der Öffentlichkeit und der Medien auf die Regierungsbildung in Berlin gerichtet ist, vollzieht sich in den Ländern ein politischer Umschwung. In zwei der drei Länder, in denen am 30. August gewählt wurde, kommt es zu rot-roten Bündnissen, und zwar in Thüringen und an der Saar.

Auch in Brandenburg, wo der neue Landtag am Tag der Bundestagswahl bestimmt wurde, kommt es zu einer Koalition aus SPD und Linkspartei. Und so sieht es in den einzelnen Ländern aus:

Sachsen: Tillich regiert mit SPD

Die CDU hat Stimmen eingebüßt, bleibt mit knapp 40 Prozent aber stärkste Kraft. Die SPD verbessert sich etwas gegenüber den katastrophalen 9,4 Prozent aus dem Jahr 2004. Deshalb entscheidet sich Ministerpräsident Stanislaw Tillich für die Fortsetzung der Großen Koalition.

Thüringen: Ramelow an der Spitze von Rot-Rot

Hier hat die CDU ihre Position als stärkste Partei verteidigt. Die 37,1 Prozent (minus 5,9 Punkte) reichen – anders als 2004 – nicht mehr für die absolute Mehrheit der Sitze. Die erstarkte Linke (31 Prozent) und die ebenfalls verbesserte SPD (16,2 Prozent) verfügen dagegen über die absolute Mehrheit der Sitze.

SPD-Spitzenkandidat Christoph Matschie hatte vor der Wahl Rot-Rot nicht ausgeschlossen. Allerdings lautete seine Standard-Formulierung, die SPD werde keiner Regierung unter Führung der Linken beitreten. Deren Spitzenkandidat Bodo Ramelow wiederum hatte zeitweilig angedeutet, „Die Linke“ müsse nicht unbedingt den Ministerpräsidenten stellen, wenn man sich mit der SPD auf einen Politikwechsel verständigen könne.

Nach ihrem fulminanten Wahlerfolg (plus 5 Prozentpunkte) fordert die Linkspartei jetzt die Position des Ministerpräsidenten für Ramelow. Alles andere wäre eine „Verfälschung des Wählerwillens“.

Auf den Rat der SPD-Spitze in Berlin hin akzeptiert die thüringische SPD diese Bedingung. Franz Müntefering sagt Matschie zu, er werde in der neuen Bundesregierung neuer Bundesminister für Verkehr und die neuen Länder. „Dort kannst Du für Thüringen auch viel tun“, tröstet „Münte“ den thüringischen Genossen.

Ihren Kurswechsel, nunmehr doch als Juniorpartner in eine von der Linken angeführte Regierung einzutreten, begründet die SPD so: Die Wähler hätten eindeutig einen Politikwechsel gewollt. Der sei nur mit einer rot-roten Koalition möglich.

Saarland: Lafontaine kommt zurück

Die Landtagswahl an der Saar geriet für die beiden großen Parteien zum Desaster. Die CDU stürzte auf 40,7 Prozent (minus 6,8 Punkte) ab, die SPD fiel auf 24,9 Prozent (minus 4,9 Punkte. „Die Linke“ erreichte dagegen in der Heimat ihres Partei- und Fraktionsvorsitzenden Oskar Lafontaine 25,1 Prozent. Das Ergebnis: Gleiche Mandatszahl für SPD und Linkspartei.

Die saarländische SPD wäre bereit gewesen, als Juniorpartner in eine Große Koalition unter Ministerpräsident Peter Müller (CDU) einzutreten. Aus Berlin werden die saarländischen Genossen jedoch gedrängt, eine Koalition mit der Linkspartei zu bilden. Voraussetzung soll sein, dass Oskar Lafontaine tatsächlich wieder in die Saarbrücker Staatskanzlei zurückgeht. Die hatte er 1998 (noch als SPD-Bundesvorsitzender) verlassen, um in Bonn Finanzminister im Kabinett Schröder/Fischer zu werden.

In pausenlosen Gesprächen und Telefonaten versucht Parteichef Franz Müntefering die zögerlichen Genossen an der Saar von Rot-Rot zu überzeugen. Sein Hauptargument: Ein wieder in Regierungsverantwortung stehender Lafontaine werde nicht mehr so überzogene Forderungen stellen können wie ein in Berlin agierender Oppositionspolitiker. Außerdem gibt „Münte" zu bedenken, dass das Klima zwischen SPD und Linken in Berlin ohne einen Fraktionsvorsitzenden Lafontaine nur besser werden könne.

Die SPD-Linke unterstützt ebenfalls das rot-rote Projekt an der Saar. Ihr Koordinator, Björn Böhning, macht den Genossen Mut: „Was wir in Berlin zusammen mit der Linken erreicht haben, wäre mit dieser abgewirtschafteten CDU niemals möglich gewesen". Der Solar-Lobbyist und SPD-Bundestagsabgeordnete Hermann Scheer bietet sich der Saar-SPD als Minister für Wirtschaft und Energie an, findet aber keinen Widerhall.

Die Entscheidung für Rot-Rot fällt, als Lafontaine öffentlich erklärt, er würde sich „selbstverständlich" zum Ministerpräsidenten wählen lassen. „Was ich vor der Wahl gesagt habe, gilt natürlich auch danach." Im Übrigen sei jeder Ministerpräsident zugleich ein „bundespolitischer Player"; das habe er ja in seiner langjährigen Amtszeit als saarländischer Regierungschef hinlänglich bewiesen.

Brandenburg: „Die Linke" ersetzt die CDU

In Brandenburg hat die SPD ihre Position dank des populären Ministerpräsidenten Matthias Platzeck leicht ausbauen können (32,2 nach 31,9 Prozent). Die in der Großen Koalition mitregierende CDU, die in den vergangenen vier Jahren vor allem durch interne Querelen und Intrigen Schlagzeilen gemacht hatte, fiel dagegen auf 18,7 (19,4) Prozent zurück. Die Linke lag mit 28,3 Prozent leicht über ihrem Ergebnis von 2004.

Platzeck hatte die Wahl zwischen der Fortsetzung von Schwarz-Rot oder einem Linksbündnis. Die brandenburgische SPD entschied sich schließlich für eine Koalition mit der Linken. Platzeck begründet das so: Gerade in schwierigen Zeiten brauche das Land eine stabile Führung. Dafür sei die CDU aber angesichts ihrer desolaten Verfassung nicht der geeignete Partner. Er befürchte, dass die brandenburgische Union nach dem Ausscheiden von Innenminister Jörg Schönbohm aus der aktiven Politik nicht mehr regierungsfähig sei.

Wowereit freut sich auf die neuen „AA-Länder“

Klaus Wowereit, seit 2001 Ministerpräsident einer rot-roten Koalition in Berlin, freut sich auf die Zusammenarbeit mit den nunmehr ebenfalls von SPD und Linkspartei regierten Ländern Saarland, Thüringen und Brandenburg. „Wir werden eng kooperieren“, sagt der Regierende Bürgermeister der Berliner Tageszeitung „BZ“.

Scherzhaft schlägt Wowereit vor, für diese Länder künftig den Begriff „AA-Länder“ zu verwenden, in Anlehnung an die Bezeichnungen A-Länder und B-Länder für Bundesländer mit einem SPD- beziehungsweise CDU-Ministerpräsidenten. „Double A“ gelte an der Börse bekanntlich als überdurchschnittlich gutes Rating, fügt Wowereit hinzu.

Wowereit zeigt sich überzeugt, dass die Linkspartei durch die Übernahme von mehr Regierungsverantwortung sich ändern und immer mehr auf einen Realo-Kurs einschwenken werde. Er zitiert in diesem Zusammenhang eine Aussage seines Finanzsenators Thilo Sarrazin (SPD). Der hatte gegenüber der „Frankfurter Allgemeinen“ gesagt, in Berlin seien sich SPD und Linkspartei „wahnsinnig ähnlich“ (29. Juli 2008).

29. Oktober – Tag 32 nach der Wahl:

Merkel für weitere vier Jahre Kanzlerin

Der Bundestag hat Bundeskanzlerin Angela Merkel mit den Stimmen der Koalitionsfraktionen von CDU/CSU und SPD für weitere vier Jahre im Amt bestätigt. Von den 430 Abgeordneten der Koalitionsfraktionen erhielt Merkel 364. Damit fehlten ihr 66 Stimmen aus dem Regierungslager. Ihr Kommentar: „Mehrheit ist Mehrheit".

Im zweiten Kabinett Merkel/Steinmeier bleibt es bei der bisherigen Aufteilung der Ministerien zwischen Union und SPD. Frank-Walter Steinmeier wird abermals Außenminister und Vizekanzler. Neue Ministerin für Arbeit und Soziales wird die stellvertretende SPD-Vorsitzende Andrea Nahles. Ihr Amtsvorgänger Olaf Scholz wechselt ins Umweltministerium. Umweltminister Sigmar Gabriel wird Vorsitzender der SPD-Bundestagsfraktion.

Auf Seiten der Union übernimmt der bisherige Erste Parlamentarische Fraktionsgeschäftsführer Norbert Röttgen das Amt des Wirtschaftsministers. Von Röttgen erhofft sich vor allem der CDU-Wirtschaftsflügel eine klare ordnungspolitische Handschrift und ein deutliches Gegengewicht zu Arbeitsministerin Nahles. Michael Glos wird neuer Bundestagspräsident. Der bisherige Präsident, Norbert Lammert, wechselt als Staatsminister für Kultur ins Kanzleramt.

Linke: SPD bleibt auf neoliberalem Kurs

Gregor Gysi, nach dem Wechsel Lafontaines ins Saarland inzwischen alleiniger Fraktionsvorsitzender der Linken, widerspricht Vermutungen, eine Arbeitsministerin Nahles könnte für eine sozialere Politik stehen. „Frau Nahles hat alle Ungerechtigkeiten der Agenda 2010 mitgemacht. Warum sollte ausgerechnet sie für eine Abkehr vom neoliberalen Kurs der SPD sorgen", kritisiert er gegenüber der Zeitschrift „Superillu".

Gysi kündigt an, seine Partei werde mit aller Kraft gegen weiteren Sozialabbau kämpfen. Dabei werde man auch über die rot-roten Landesregierungen den Einfluss im Bundesrat nutzen. Gysi: „Wahre soziale Gerechtigkeit gibt es nur mit uns."

FDP: „Alter Wein in alten Schläuchen"

Guido Westerwelle vermisst bei der alten-neuen Regierung jedes Zeichen von Aufbruch. „Das ist alter Wein in alten Schläuchen, und zwar sehr schlechter alter Wein", sagt er dem Nachrichtensender N24. Seine Vorhersage: Diese Regierung werde das Wahljahr 2013 nicht erreichen.

Grüne: Lähmung als Programm

Jürgen Trittin, zusammen mit Renate Künast an der Spitze der Grünen-Fraktion, befürchtet „weitere vier verlorene Jahre". Diese Regierung sei der personifizierte Stillstand, ihr Programm werde jede Veränderung verhindern, gerade beim überfälligen Umbau zu einer ökologischen Wirtschaft. In den ARD-Tagesthemen sagt Trittin: „Jede andere Dreier-Koalition hätte dem Land mehr genutzt als diese Fortsetzung schwarz-roter Unbeweglichkeit."

30. Oktober – Tag 33 nach der Wahl

Regierungserklärung: „Aufschwung und Gerechtigkeit"

Bundeskanzlerin Angela Merkel hat ihre zweite Regierungserklärung unter das Motto „Aufschwung und Gerechtigkeit" gestellt. Es gehe darum, die erfolgreiche Politik der letzten vier Jahre fortzusetzen, sagt sie vor dem Bundestag. Allerdings habe die weltweite Finanzmarktkrise und die daraus resultierende globale Wachstumsschwäche auch die deutsche Wirtschaft erfasst. Deshalb müsste nun „ein neuer Anlauf für einen neuen Aufschwung" genommen werden.

Breiten Raum nimmt in Merkels Rede die Sozialpolitik ein. Die Menschen, die hart arbeiteten, hätten einen Anspruch auf eine faire Teilhabe. Deshalb werde die Große Koalition die überbetriebliche Gewinnbeteiligung deutlich ausweiten. Auch werde die Regierung sorgfältig prüfen, an welchen Stellen „unser bewährtes Sozialsystem noch optimiert" werden könne.

Merkel bekräftigt, ihre Regierung sehe keinen Grund für eine grundlegende Kurskorrektur. Regieren bestehe nicht nur in großen Würfen, sondern auch in den vielen kleinen Korrekturen und Verbesserungen bestehender Gesetze und Vorschriften. „Lieber kleine Schritte in die richtige Richtung als große in die falsche", hebt die Kanzlerin hervor.

Merkel bekennt sich im Namen der Regierung zu den Prinzipien der Sozialen Marktwirtschaft im Geiste Ludwig Erhards. Der habe immer betont, dass freier Wettbewerb einen starken Schiedsrichter brauche. Die Finanzmarktkrise und „das Prinzip Gier" in manchen Chefetagen hätten gezeigt, wie Recht Erhard gehabt habe: „Diese Regierung wird dafür sorgen, dass der Staat ein starker Schiedsrichter ist, weil wir alle einen starken Schiedsrichter brauchen." Für ihren Zusatz, Erhard habe auch gesagt, ein Schiedsrichter dürfe selbstverständlich nicht mitspielen, erhält Merkel demonstrativen Beifall von der oppositionellen FDP und so gut wie keinen vom Koalitionspartner SPD.

Im außenpolitischen Teil ihrer Regierungserklärung hebt die Kanzlerin die Freundschaft zu den Vereinigten Staaten von Amerika und die strategische Partnerschaft mit Russland hervor. Sie begrüßt den neuen Stil von US-Präsident Barack Obama, Europa verstärkt in seine außenpolitischen Entscheidungsprozesse einzubeziehen. Mehr Konsultationen würden aber „nicht automatisch" zu einem verstärkten deutschen Engagement in den Krisenregionen dieser Welt führen.

Russland bescheinigt die Kanzlerin den festen Willen, Marktwirtschaft und Demokratie weiterzuentwickeln. Das Land habe aber noch einen langen Weg zurückzulegen. Die Tatsache, dass Deutsche und Russland noch keine gemeinsame Werteordnung hätten, schließe aber eine enge Zusammenarbeit nicht aus. Beide Volkwirtschaften könnten von einer Intensivierung der Wirtschaftsbeziehungen nur profitieren.

Im Schlussteil ihrer Rede beschäftigt sich die Kanzlerin mit den Auswirkungen der Großen Koalition auf die demokratischen Entscheidungsprozesse. Eine gemeinsame Regierung der beiden großen Volksparteien dürfte nicht zum Normalzustand werden. Die Politiker müssten aber nach Wahlen mit den Mehrheiten leben, für die allein die Wähler die Verantwortung trügen. „Ich beklage das nicht, ich stelle das nur nüchtern fest", fügt sie abweichend vom Manuskript hinzu.

Die Kanzlerin räumt ein, allen an der Regierung beteiligten Parteien wäre wohl eine andere Konstellation lieber gewesen. Aber offenbar falle es allen Parteien schwer, der Tatsache eines Fünf-Parteien-Systems durch eine größere Flexibilität und eine stärkere Kompromissbereitschaft Rechnung zu tragen. Deshalb sei es zu einer Fortsetzung der Großen Koalition gekommen. Sie schließt mit den Worten: „Machen wir alle das Beste daraus – zum Wohl unseres Landes und aller seiner Bürger.

Medienecho: Tendenz lustlos

Die Regierungserklärung löst in den Medien ein kritisches Echo aus. Übereinstimmend heißt es, die Kanzlerin habe ausgesprochen lustlos gewirkt. „Was Begeisterung auslösen und der Gesellschaft Schwung verleihen sollte, sorgte für allgemeine Langeweile“, urteilt die „Süddeutsche Zeitung“.

„Die Welt“ wiederum meint, Merkel habe nicht wie eine kraftvolle, gestaltungsfreudige Politikerin gesprochen, sondern eher wie eine „den Feierabend herbeisehnende Verwalterin“.

„Diese Koalition ist keine Vernunft-, sondern eine Zwangsehe. Und beide Seiten versuchen erst gar nicht, das zu verbergen“, heißt es im Kommentar der ARD-Tagesthemen.

Die „tageszeitung“ titelt: „Das große Gähnen“. Und der BILD-Kommentator bringt es in der Sprechweise von SPD-Chef „Münte“ so auf den Punkt: „Große Koalition Mist. Ideenspeicher leer. Gute Nacht, Deutschland!“

Frühjahr 2010

Vormarsch der Linken geht weiter

CDU/CSU und SPD haben ihre Koalition fortgesetzt. Doch die Unzufriedenheit der Wähler nimmt eher zu. Das zeigt sich bei den Landtagswahlen im Frühjahr des Jahres 2010 deutlich. In beiden Fällen bleibt es bei den bisherigen Koalitionen: Schwarz-Rot in Schleswig-Holstein und Schwarz-Gelb in Nordrhein-Westfalen. In beiden Ländern müssen die in Berlin regierenden Parteien jedoch Federn lassen; die CDU weniger, die SPD mehr.

Die CDU tröstet sich damit, ihre Verluste gingen überwiegend zu Lasten der FDP, das „bürgerliche Lager" sei folglich nicht geschwächt worden. Die Zahlen sprechen jedoch eine andere Sprache. Die Zuwächse der FDP können die Verluste der CDU weder in Stimmen noch in Prozenten vollständig ausgleichen.

Die SPD muss mit ansehen, wie die Linkspartei ihren Vormarsch in den alten Bundesländern fortsetzt. So schafft „Die Linke" in Nordrhein-Westfalen mit 6,2 Prozent problemlos den Einzug in den Düsseldorfer Landtag. Das ist gegenüber der Landtagswahl 2005, als die damalige WASG noch nicht landesweit angetreten ist, ein Zuwachs von 5,1 Prozentpunkten.

In Schleswig-Holstein legt die Linkspartei ebenfalls kräftig zu, und zwar von 0,8 auf 4,7 Prozent. Obwohl sie den Einzug in den Landtag damit verfehlt, ist der stattliche Zugewinn unübersehbar. Zudem geht er fast ganz auf das Konto der SPD. Die fällt trotz des dezidierten Linkskurses unter ihrem Spitzenkandidaten Ralf Stegner von 37,1 auf 33,2 Prozent. Stegner rechtfertigt seinen Kurs jedoch mit dem „schlechten Abschneiden" der Linken. „Hätten wir die Politik der Bundesregierung unkritisch unterstützt und verteidigt, wäre die Linkspartei mit Sicherheit in den Landtag gekommen."

Der saarländische Arbeits- und Sozialminister, der SPD-Linke Otmar Schreiner, nennt die Wahlergebnisse dieses Frühjahrs „einen letzten Weckruf für die SPD“. Wenn die Sozialdemokraten sich nicht endlich auf ihre Wurzeln besännen und zu einer sozialen Politik zurückfänden“, werde es mit ihr weiter abwärts gehen, prophezeit der enge Vertraute des saarländischen Ministerpräsidenten Lafontaine (Die Linke). An der Seite der neoliberalen CDU werde die SPD bei den kleinen Leuten immer mehr Rückhalt verlieren: „Und irgendwann wird die Linke uns dann überholen.“

Frühsommer 2010

In Berlin treibt's fast jeder mit jedem

Politik ist dem „Professional Wrestling" nicht unähnlich. Hier wie dort stürzen sich die Gegner mit Gebrüll aufeinander: schimpfen, schlagen, kratzen und beißen. Aber wirklich weh tun sie sich nicht. Vielmehr trinken sie hinterher ganz friedlich ein Glas Wein oder Bier miteinander. Denn eines ist allen bewusst: Irgendwann sieht und braucht man sich wieder – sei es für den nächsten Kampf oder die nächste Koalition.

Es ist deshalb in Berlin-Mitte nichts Außergewöhnliches, wenn Abgeordnete aus Regierungs- und Oppositionsparteien beisammen sitzen. Gleichwohl fällt auf, dass man immer häufiger auf Zehner- oder Zwölferrunden von Sozialdemokraten und Linken trifft.

Was hatte das noch im Sommer 2008 für Aufregung gesorgt, als es zum ersten rot-roten Techtelmechtel in einem Literatur-Café am Prenzlauer Berg gekommen war. Angela Marquardt, einst stellvertretende PDS-Vorsitzende und seit 2007 in der SPD, sowie die stellvertretende Vorsitzende der Linken, Halina Wawzyniak, hatten die Runde in aller Stille zusammengetrommelt. Aber es waren vor allem jüngere Abgeordnete von SPD und Linkspartei, die das erste rot-rote Freundschaftsspiel bestritten.

Diese Runde trifft sich noch immer, aber niemand empört sich mehr darüber. Für Interesse sorgen heute eher SPD-Chef Franz Müntefering, seine Stellvertreterin Andrea Nahles oder der Fraktionsvorsitzende Sigmar Gabriel, wenn sie in aller Öffentlichkeit mit Spitzenpolitikern der Linken plauschen. Vor allem Gregor Gysi ist ein gern gesehener Gesprächspartner der „Sozis". Schließlich ist er witziger und weniger rechthaberisch als sein großer Vorsitzender Lafontaine.

Vielleicht täuscht ja auch der Eindruck, aber Beobachter des politischen Betriebs stoßen in Berlin mehr denn je auf Pärchen, die man bisher nicht gesehen hatte: Da speist Jürgen Trittin mit Oskar Lafontaine im teuren „Grill Royal". Da treffen sich Renate Künast und Gregor Gysi zum Frühstück am öffentlichsten aller öffentlichen Orte, im „Einstein unter den Linden". Oder Cem Özdemir verbringt die halbe Nacht in einem Kreuzberger Szenelokal mit Linken-Bundesgeschäftsführer Dietmar Bartsch. Rot-Grün scheint irgendwie „in" zu sein. Doch ist es das Dunkelrot der Linkspartei, das sich zu Grün gesellt.

Nahles: „Umgang mit der Linken überprüfen"

Die stellvertretende SPD-Vorsitzende, Arbeitsministerin Andrea Nahles, hat Fehler im Umgang mit der Partei „Die Linke" eingeräumt. In einem „Spiegel"-Gespräch zog sie fünf Jahre nach dem Einzug der Linkspartei/PDS in den Bundestag die folgende „aus der Sicht der SPD negative Bilanz": Die SPD habe bei allen folgenden Wahlen Stimmen an die Linke abgegeben. Die Linke habe zudem aus dem Reservoir der Nichtwähler Zulauf erhalten.

Das Ergebnis sei, dass die SPD nur noch in fünf von 16 Ländern die stärkste Fraktion stelle: im Westen in Rheinland-Pfalz und Bremen, in den neuen Ländern in Berlin, Brandenburg und Mecklenburg-Vorpommern. Das von der SPD favorisierte Modell, nämlich Rot-Grün, sei rechnerisch sogar nur noch in zwei Ländern möglich: In Bremen, wo dies der Fall sei, und in Berlin, wo Klaus Wowereit Rot-Rot vorgezogen habe.

Nahles zieht daraus den Schluss, die „Strategie der Ausgrenzung" sei gescheitert. Sie empfehle ihrer Partei deshalb dringend, „den Umgang mit der Linken zu überprüfen". Auf die Frage, ob die SPD die Linke nicht durch die Einbindung in die Regierung auf Bundesebene „entzaubern" könne, antwortete Nahles so: In den neuen Ländern sei das teilweise gelungen. Sie persönlich könnte sich durchaus vorstellen, dass eine im Bund in der Verantwortung stehende Linkspartei angesichts der harten Sachzwänge den Wählern nicht mehr alles versprechen könne. Darüber müsse die SPD „rechtzeitig vor 2013" intensiv nachdenken.

Mißfelder: „An ihrer Sprache sollt ihr sie erkennen."

Der Vorsitzende der Jungen Union, Philipp Mißfelder, glaubt bei der SPD „vertrauensbildende Maßnahmen" gegenüber der Linkspartei zu erkennen. Die stellvertretende SPD-Vorsitzende Nahles habe in dem Spiegel-Interview nicht mehr, wie bisher bei der SPD üblich, von der „sogenannten Linken" gesprochen, sagte der CDU-Bundestagsabgeordnete dem Nachrichtensender N24. Dies habe er bei anderen führenden Sozialdemokraten ebenfalls beobachtet.

Die Folgerung des CDU-Politikers: „Offenkundig rüstet die SPD gegenüber ihrem potenziellen Koalitionspartner verbal ab." Aus seiner Sicht wolle die SPD auch auf diese Weise dazu beitragen, alle Kräfte links der Mitte zusammenzuführen. Mißfelder: „An ihrer Sprache sollt ihr sie erkennen."

30. Oktober 2010: Bilanz nach einem Jahr

An ihrem ersten Jahrestag hat die Große Koalition nichts zu feiern

Vor einem Jahr hat die Koalitionsregierung ihre Arbeit aufgenommen. Und in ein paar Wochen kann sie sogar ihren fünften Geburtstag feiern. Von der Aufbruchstimmung des Jahres 2005 ist freilich nichts mehr zu spüren. Selbst die geringen Erwartungen, die die Öffentlichkeit bei der Neuauflage von Schwarz-Rot nach der Bundestagswahl 2009 hatte, sind nicht erfüllt worden. Mit „Business as usual" beschreibt die Kanzlerin gerne ihre Arbeit. Die Formulierung „Politik des Durchwurstelns" trifft es jedoch besser

Die Bilanz nach einem Jahr ist durchwachsen. Die Folgen der globalen Finanzmarktkrise sind noch nicht überwunden. Das Bruttoinlandsprodukt ist im Rezessionsjahr 2009 um zwei Prozent gesunken. Der Preis dafür, dass es nicht noch weiter abwärts ging, ist eine wieder angestiegene Netto-Neuverschuldung. Dennoch ließ es sich nicht vermeiden, dass die Arbeitslosigkeit zeitweilig wieder auf 3,6 Millionen anstieg.

Im laufenden Jahr scheint die Weltwirtschaft wieder etwas in Schwung zu kommen. Doch die deutschen Exporte steigen nur langsam und ebenso langsam bessert sich die Lage am Arbeitmarkt. Um die Arbeitsmarkt-Statistik aufzubessern, ist die Bezugsdauer des Kurzarbeitergeldes auf 24 Monate verlängert worden. Auch das Arbeitslosengeld I wird für ältere Arbeitslose länger als bisher gezahlt.

Bei vielen wichtigen Fragen blockieren sich CDU und SPD gegenseitig. Die Union wehrt die Ausweitung des Mindestlohns auf immer mehr Branchen durch die Hintertür, das heißt via Entsendegesetz, ab. Umgekehrt blockiert die SPD alle Bestrebungen, die Bürger steuerlich zu entlasten. Einigkeit besteht in der Koalition jedoch in Bezug auf eine Erhöhung des Krankenkassenbeitrags zum 1. Januar 2011. Der Grund: Der

Gesundheitsfonds hat sich, wie von fast allen Experten vorhergesagt, als das zu erwartende bürokratischen Monster entpuppt, das die Kosten in die Höhe treibt, ohne die Leistungen wesentlich zu verbessern.

Nennenswerte außenpolitische Erfolge hat die Regierung nicht vorzuweisen. Die Bundesregierung hat zwar kräftig daran mitgewirkt, ein globales Regelwerk für die Finanzmärkte auszuarbeiten. Die Materie ist aber zu kompliziert, um die Bevölkerung zu interessieren, geschweige denn zu beeindrucken.

Der seit 21 Monaten amtierende US-Präsident Barack Obama hat in Deutschland noch immer viele Bewunderer. Er hat auch Wort gehalten und konsultiert die Europäer viel häufiger als sein Vorgänger Bush. Der Abzug der US-Truppen aus dem Irak ist in Gang gekommen, wenn auch viel langsamer, als von Obama vor der Wahl versprochen. Die Amerikaner bleiben jedoch im Irak präsent und wollen sich insbesondere beim Wiederaufbau engagieren. Dies erwarten sie auch von den Europäern, insbesondere von Deutschland.

Das führt zu Konflikten. Während die Union bereit wäre, das Engagement deutscher Unternehmen im Irak durch großzügige Bundesbürgschaften zu unterstützen, legt sich die SPD quer. Ihr Standpunkt: Die Amerikaner sollten die Folgen des von ihnen angezettelten Krieges bitte sehr selber und auf eigene Kosten beseitigen.

In noch größere Bedrängnis bringt Washington die deutsche Bundesregierung mit der Forderung nach mehr deutschen Soldaten in Afghanistan und in anderen Krisenregionen der Welt. Die SPD lehnt – auch mit Blick auf die Linkspartei – jede Ausweitung von Bundeswehr-Einsätzen ab. Außenminister Steinmeier lässt die Kanzlerin wissen, er habe große Zweifel, ob es innerhalb der SPD-Fraktion noch eine Mehrheit für Auslandseinsätze gäbe.

Die offizielle Linie der Kanzlerin und der CDU lautet zwar, man müsse das amerikanische Ansinnen „sorgfältig prüfen". Auch müssten die USA realistische Exit-Strategien erarbeiten. Große Teile der CSU und eine wachsende Minderheit innerhalb der CDU neigen jedoch eher der

Haltung der SPD zu: Der selbst ernannte Weltpolizist USA solle die von ihm angezettelten Kämpfe auch selber beenden.

Lauterbach: Warum eigentlich nicht mit der Linken?

Karl Lauterbach, der Gesundheitsexperte der SPD-Fraktion, hat zum Jahrestag der Großen Koalition die Frage aufgeworfen, ob es nicht vernünftiger gewesen wäre, es mit Rot-Rot-Grün zu versuchen. Die SPD habe es versäumt, den öffentlichen Dialog mit der Linken zu suchen, kritisierte er im WDR. Dabei verbinde SPD und Linkspartei „das gleiche noble Ziel: ein gerechter Staat". (Wörtliches Zitat aus „stern.de" vom 13. Juni 2007.)

Regierungssprecher Wilhelm: „Ich bleibe"

„Völlig aus der Luft gegriffen" und „da ist absolut nichts dran". So antwortet Regierungssprecher Ulrich Wilhelm auf eine Meldung des „Handelsblatts", er werde 2011 auf die Position des „Director of Global Communications" der Deutschen Bank wechseln. Wilhelm: „Ich habe der Bundeskanzlerin versprochen, für weitere vier Jahre zur Verfügung zu stehen. Und daran wird sich von meine Seite aus nichts ändern."

Es ist allerdings in Berlin ein offenes Geheimnis, dass Wilhelm mit seiner derzeitigen Situation unzufrieden ist. Bei einem Hintergrundgespräch mit Journalisten schilderte er seine Lage so: Er müsse jeden Morgen um 8 Uhr in der „kleinen Lage" bei der Kanzlerin den Tenor der Kommentare vortragen, und da gebe es wenig Erfreuliches zu vermelden. Das mache auf die Dauer keinen Spaß.

Besonders verärgert ist das CSU-Mitglied Wilhelm über CDU-Generalsekretär Ronald Pofalla. Der hat der Regierung öffentlich vorgeworfen, sie agiere zu defensiv und müsse ihre „unbestreitbar vorhandenen Erfolge" besser vermitteln. Gegenüber der Journalisten-Runde zitierte Wilhelm in diesem Zusammenhang den Regierungssprecher von Willy Brandt, Conrad Ahlers. Der hatte in einer vergleichbaren Situation seinem Ärger mit folgenden Worten Luft gemacht: Wenn es keine Leistungen der Regierung gebe, könne er auch keine „verkaufen".

Wähler von Großer Koalition enttäuscht

Ob Forschungsgruppe Wahlen oder Forsa, ob Allensbach oder Emnid: Die Meinungsforscher stimmen darin überein, dass die Regierung in einem demoskopischen Tief steckt. Wenn jetzt, ein Jahr nach der Regierungsbildung, gewählt würde, kämen CDU/CSU und SPD zusammen gerade noch auf 60 Prozent. Das wären deutlich weniger als bei der Wahl 2009 und ein Absturz von 10 Prozentpunkten gegenüber der Bundestagswahl 2005.

Die Enttäuschung über Schwarz-Rot ist Wasser auf die Mühlen der Linken wie der FDP. Beide gewinnen unter früheren SPD- beziehungsweise CDU-Wählern an Zustimmung. Die Grünen stagnieren dagegen auf dem Niveau ihres schlechten Wahlergebnisses von 2009.

Bundesrat: Regierung ohne Mehrheit

Die neuen Mehrheitsverhältnisse in Thüringen, Brandenburg und an der Saar haben zu einer neuen Machtkonstellation im Bundesrat geführt. Diese drei, neuerdings von Rot-Rot regierten Länder kommen mit Berlin (Rot-Rot) auf insgesamt 15 Stimmen. Auf diese Stimmen kann die Große Koalition wohl nur in Ausnahmefällen zählen.

Sicher verlassen kann sich die Regierung Merkel/Steinmeier in der Länderkammer nur auf solche Länder, in denen CDU und SPD entweder allein oder gemeinsam regieren. Das sind noch Rheinland-Pfalz (SPD, 3 Stimmen), Mecklenburg-Vorpommern (SPD/CDU, 3 Stimmen), Sachsen-Anhalt (CDU/SPD, 4 Stimmen), Sachsen (CDU/SPD, 4 Stimmen) und Schleswig-Holstein (CDU/SPD, 4 Stimmen). Diese fünf Länder verfügen zusammen über 18 von insgesamt 69 Stimmen. Die Große Koalition ist damit von den „magischen" 35 Sitzen, die die Mehrheit bedeuten, weit entfernt.

In den übrigen sieben Ländern stellen CDU/CSU und SPD zwar den Ministerpräsidenten. Die Koalitionspartner von CDU/CSU heißen aber FDP (in Bayern, Baden-Württemberg, Hessen, Niedersachsen und Nordrhein-Westfalen) beziehungsweise Grüne (in Hamburg), dazu kommt noch die rot-grüne Regierung von Bremen. In allen diesen Ländern können die Ministerpräsidenten nur dann für eine Vorlage der Bundesregierung stimmen, wenn der kleinere Koalitionspartner mitmacht.

Fazit: Für die Bundesregierung ist es so gut wie nicht möglich, ohne Rücksichtnahme auf die FDP, die Linke oder die Grünen im Bundesrat eine Mehrheit zu finden.

Samstag, 30. Oktober 2010

Die SPD stellt das Signal auf Rot-Rot-Grün

Es ist nicht viel los vor dem Willy-Brandt-Haus zu dieser frühen Stunde an einem Samstagmorgen. Ein paar Frühaufsteher auf dem Weg zum Bäcker. Denen fallen die dunklen Limousinen nicht weiter auf, die direkt die Tiefgarage ansteuern. Schließlich gehören dunkle Limousinen vor der SPD-Zentrale in Berlin-Kreuzberg zum alltäglichen Bild.

Kurz nach 7 Uhr sind sie alle im Büro des Vorsitzenden versammelt: Parteichef Müntefering, Steinmeier, Andrea Nahles samt ihrer zur Grundausrüstung gehörenden schweren Aktentasche und der kurz nach der Bundestagswahl 2009 zum Generalsekretär beförderte Kajo Wasserhövel.

Wasserhövel hat für einen reichlich gedeckten Frühstückstisch gesorgt. Die Vier sind unter sich. Auf Servierpersonal wurde bewusst verzichtet, ebenso auf die engsten Mitarbeiter. Es geht um sehr viel; Verschwiegenheit ist höchste Pflicht. Deshalb auch der ungewöhnliche Ort: In einer leeren Parteizentrale vermuten selbst aufgeweckte Journalisten samstags um 7 Uhr keine sozialdemokratische Elefantenrunde.

„Münte" hat eingeladen. Der Muster-Sozi ist vor einem Jahr als Nummer 1 auf der nordrhein-westfälischen Landesliste abermals in den Bundestag gewählt worden. In die Bundesregierung ist er nicht eingetreten. Er hat auch in der Fraktion keine herausgehobene Funktion übernommen. In großen Debatten des Bundestags ergreift er zwar häufig das Wort. Doch sein Arbeitsschwerpunkt ist und bleibt die Partei.

Sein Ruf als Wahlkampf-Wundermann hat freilich gelitten, weil der SPD 2009 nicht dieselbe furiose Aufholjagd gelungen ist wie 2005. Aber der Sauerländer, der – in der Tradition des Partei-Kärrners Herbert Wehner – den eigenen Machtwillen und die eigenen Ambitionen geschickt mit Selbstlosigkeit und Pflichtbewusstsein verbindet, ist unverändert Mythos und Machtfaktor zugleich. „Münte" gilt an der Basis als

Lordsiegelbewahrer der sozialdemokratischen Seele, genießt zudem als Vorkämpfer der „Agenda 2010“ wie der Rente mit 67 auch bei den „Netzwerkern“ und „Seeheimern“ Respekt. Vor allem sind sich alle einig: Wenn Müntefering nicht so fest an den Strippen gezogen und maßgeblich mitgeholfen hätte, Kurt Beck im September 2008 im Schwielowsee bundespolitisch zu versenken, wäre es bei der Wahl vor einem Jahr zu einer Katastrophe gekommen.

Müntefering hält sich nicht lange mit Small Talk auf. „Das geht nicht mehr lange gut mit der Großen Koalition“, eröffnet er das Gespräch. „Vor allem *wir* zahlen den Preis, nicht die Schwarzen. Unsere Umfragewerte sind im Keller. Mitglieder und Wähler laufen uns davon.“ Müntefering macht eine kurze Pause, zieht an seinem Zigarillo, schaut dem aufsteigenden Rauch nach und sagt schneidig: „Wir müssen springen.“

„Du meinst, wir sollen die Koalition platzen lassen?“ fragt Steinmeier als Erster. „Wie sollen wir das der Öffentlichkeit erklären? Ganz abgesehen davon: Wie sollen wir mit der Linken eine vernünftige Außenpolitik machen?“

Alle schauen zu Müntefering, der unbeweglich dasitzt. Der legt nach: „Ich sag’ doch schon immer: Opposition ist Mist. Das ist nicht nur so dahergeredet. Wenn die Partei nicht völlig abschmieren soll, dann müssen wir den Kanzler stellen. Und die Linke müssen wir einbinden, in die Pflicht nehmen. Andernfalls überholen die uns bei der nächsten Wahl. Die machen sich in der Opposition einen schlanken Fuß und wir werden vom Wähler abgestraft, weil wir das Geld nicht mit vollen Händen rauswerfen. Das halten wir nicht mehr lange durch. Das sagt der Gerd übrigens auch.“

Keiner muss nachfragen: Schröder ist also schon eingeweiht und stimmt der Operation offenbar zu.

Steinmeier hakt noch einmal nach: „Wir können doch keine Neuwahlen risikieren. Du denkst also an ein konstruktives Misstrauensvotum?“ „Ja, und Du wirst Kanzler“, fällt ihm Wasserhövel ins Wort – „Kanzler der ersten rot-grün-roten Bundesregierung“.

Andrea Nahles muss nicht überzeugt werden: Ihr Ziel ist schon seit Langem eine neue, linke Dreier-Konstellation. Das sagt sie auch jetzt. „Machen wir uns nichts vor: Wir bekommen die Linke nicht mehr weg. Und ehe die Merkel die letzten Reste des CDU-Programms für Jamaika opfert, nur um an der Macht zu bleiben, machen lieber wir ein paar Kompromisse, stellen den Kanzler und haben eine neue linke Perspektive für das Land."

Wasserhövel, die rechte Hand und – wie manche voller Hochachtung spotten – eine Gehirnhälfte Münteferings, erinnert an den zurückliegenden Wahlkampf: „Wir sind mit unserer Botschaft von der neuen Sozialpolitik nie richtig rübergekommen. Die Linken versprechen eben allen alles. Und der Hartz-IV-Empfänger interessiert sich nicht für Steinbrücks Utopie einer Nettokreditaufnahme von Null."

Der Wahlkampf-Stratege legt Zahlen der Wahlforscher vor: Traditionelle SPD-Wähler, die 2005 noch gewählt hatten, sind im Superwahljahr 2009 im Bund wie in den Ländern den Wahllokalen ferngeblieben. Andere, die wegen der Agenda-Politik zu den Nichtwählern abgewandert waren, wählen inzwischen die Linkspartei. Wasserhövels Fazit: Die SPD hat nochmals eine halbe Million Wähler verloren. Und die kommen nur zurück, wenn die SPD einerseits wieder ein klares soziales Profil zeigt und andererseits die Linke als Produzenten von Luftnummern entlarvt. Beides geht jedoch nicht in einer Großen Koalition und schon gar nicht zusammen mit der FDP, sondern nur in einer Regierung des „neuen sozialen Aufbruchs".

Das Frühstücks-Quartett ist sich einig: Es würde nicht leicht werden. Aber die Alternative sieht trübe aus: Noch drei Jahre als Juniorpartner in einer Großen Koalition, ständig attackiert von der Linken? Oder nochmals einen Anlauf für eine Koalition mit FDP und Grünen nehmen und damit für eine Dreier-Konstellation, wo es bei allen wichtigen Fragen keinen hinreichend großen gemeinsamen Nenner gib? Oder die SPD gar in der Opposition zu einer Jamaika-Koalition und im ständigen Wettbewerb mit der anderen Oppositionsfraktion, der Linken? Da bleibt nach Meinung dieses SPD-Quartetts nur Rot-Rot-Grün.

In einer weiteren strategischen Frage finden Müntefering und die anderen Genossen ebenfalls schnell zueinander: Eine rot-rot-grüne Bundesregierung wäre eine Weichenstellung von ähnlich weitreichender Bedeutung wie das erste sozialliberale Bündnis zwischen SPD und FDP im Jahr 1969. Steinmeier: „Damals gingen Arbeitnehmerschaft und liberales Bürgertum ein Bündnis ein. Jetzt finden drei Parteien zusammen, von denen zwei Abspaltungen der Sozialdemokratie sind." Müntefering ergänzt: „Rot-Rot-Grün ist die Doppel-Antwort auf Globalisierung und Wiedervereinigung. Die Konservativen lassen die Menschen die Zukunft erleiden. Wir gestalten die Zukunft so, dass niemand leiden muss – also fast niemand."

Nahles pflichtet bei: „Wir haben die Linke mit der Agenda 2010 so groß gemacht, dass wir auf Dauer ein Fünf-Parteien-System haben." „So einfach ist das ja nicht", knurrt Müntefering. Steinmeier greift ein: „Lasst uns über die Zukunft sprechen, nicht über das, was nicht mehr zu ändern ist."

Steinmeier gibt zu bedenken, die neue „Koalition für Wachstum und Gerechtigkeit" brauche politische Unterstützung aus den Ländern. „Ein Kanzler ohne Unterleib hat keine Chance." „Wenn wir es machen, dann richtig", ergänzt Müntefering.

Nahles kramt in dem Stapel Papier, das sie in ihrer prall gefüllten Aktentasche entnommen hat, und fördert vier DIN-A4-Blätter zutage. „Habe mir schon mal aufgeschrieben, was sich in den Ländern machen ließe" – und reichte den anderen Drei je eine Kopie.

Die „Nahles-Liste" besteht aus vier Spalten: „Sichere Länder", „feindliche Länder", „neutrale Länder" und „potenzielle Partner". Und so werden die 16 Bundesländer eingestuft:

„Sichere Länder": Berlin (Rot-Rot), Saarland (Rot-Rot), Thüringen (Rot-Rot), Brandenburg (Rot-Rot) und Rheinland-Pfalz (absolute SPD-Mehrheit).

„Feindliche Länder": Bayern, Baden-Württemberg, Hessen, Nordrhein-Westfalen und Niedersachsen, alle schwarz-gelb regiert.

„Neutrale Länder“: Hamburg (CDU/Grüne), Bremen (SPD/Grüne), Schleswig-Holstein (CDU/SPD), Sachsen-Anhalt (CDU/SPD) und Sachsen (CDU/SPD).

„Potenzielle Partner“: Mecklenburg-Vorpommern (SPD/CDU) und Bremen (SPD/Grüne).

Es besteht Einigkeit: Eine rot-rot-grüne Bundesregierung braucht möglichst viele ähnliche Konstellationen in den Ländern. Bremen zum Beispiel könnte seine rot-grüne Regierung um die Linke erweitern.

In Mecklenburg-Vorpommern könnte die SPD den Koalitionspartner auswechseln, Linke statt CDU. Das ergäbe für Rot-Rot eine hauchdünne Mehrheit mit 36 von 71 Sitzen. Aber das wäre nach allgemeiner Auffassung zu riskant. „Das machen wir nach den Landtagswahlen im nächsten Jahr“, wirft Wasserhövel ein.

Steinmeier ist sehr ernst: „Das wird natürlich nicht einfach. Wir haben sofort eine neue Wortbruch-Debatte am Hals. Und Leute wie Clement werden als Kronzeugen der Konservativen gegen Rot-Rot-Grün wettern.“ „Umso wichtiger, dass Steinbrück Finanzminister bleibt“, unterbricht ihn Müntefering. Nahles lacht ihr etwas lautes Lachen: „Da kann er dann zweimal täglich den Buhmann spielen wie Sarrazin in Berlin. Das gefällt dem Peer sicher.“

„Aber wie können wir den Wortbruch-Vorwurf entkräften?“, wendet Steinmeier ein. „Wir haben im Wahlkampf doch alle Eide geschworen, dass wir mit den Linken nichts am Hut haben.“ Müntefering: „Das haben uns die Wähler nach Hessen sowieso nicht mehr abgenommen. Ich weiß, das klingt zynisch, ist aber so.“ Nahles: „Dafür, dass wir Wort halten und immer mehr Stimmen verlieren, dafür gibt uns niemand etwas.“

Müntefering: „Also, das lässt sich argumentativ entkräften. Wir haben 2005 Wort gehalten, trotz eindeutiger linker Mehrheit im Bundestag. Wir haben gesagt, ‚2009 nicht mit den Linken‘, sind nochmals in eine Große Koalition eingetreten. Aber wir können da keinen gesetzlichen

Mindestlohn durchsetzen, kein vernünftiges Konjunkturprogramm. Und wir wollen nicht noch mehr deutsche Soldaten an die Front schicken. Wir sagen jetzt: Erst das Land, dann die Wahlkampfaussagen."

Müntefering hält kurz inne, grinst und schiebt noch einen Satz hinterher: „Was heißt hier Wortbruch? Wir haben gesagt, mit den Linken geht 2009 nichts. Aber selbst als Absolvent einer sauerländischen Volksschule weiß ich, dass wir inzwischen das Jahr 2010 schreiben."

Nahles: „Natürlich bekommen wir eine öffentliche Debatte, die nicht immer angenehm ist. Da müssen wir durch. Deine spitzfindige Unterscheidung zwischen 2009 und 2010, Franz, hilft uns da nur bedingt. Aber vergesst nicht: Bis zur nächsten Bundestagswahl haben wir drei Jahre Zeit. Wenn wir erst mal die Bürgerversicherung einführen und den Rentnern und den Hartz-IV-Empfängern mehr geben, dann werden die Menschen uns für den angeblichen Wortbruch noch dankbar sein."

„Das darf aber nicht so aussehen, als würden wir von der Agenda 2010 abrücken", mahnt Müntefering. „Nein, Franz, wir werden sie nur weiterentwickeln", entgegnet Nahles und grinst. Müntefering zieht an seinem Zigarillo, verzieht keine Miene.

„Was wir machen, ist ein Ritt auf einer Rasierklinge", doziert Müntefering. „Das wird knallhart. Deshalb müssen wir möglichst schnell mit den beiden anderen Parteien ausloten, was geht, das dann den Medien stecken und unsere Gremien vor mehr oder weniger vollendete Tatsachen stellen. Wenn das lange hin und her diskutiert wird, klappt das nie. Sonst gibt die CDU-Mutti den Grünen ihre uneingeschränkte Atomausstiegs-Solidarität schriftlich und bezirzt den Westerwelle mit dem Verbot der Schleierfahndung. Dann sind wir ganz schnell in der Opposition und sehen ganz schön alt aus."

Nahles hat einen Vorschlag, der auf große Zustimmung trifft: „Wir müssen deutlich machen, dass die Alternative ‚SPD-Kanzler oder weitere Zuwächse für die Linke' heißt. Das verstehen auch die ‚Seeheimer' und ‚Netzwerker'." „Also machen wir Nägel mit Köpfen", schlägt Müntefering vor. „Ich rede mit Oskar." „Wer redet mit Gysi, Künast und Trittin?" Die Aufgaben sind schnell verteilt.

Am Abend gibt es die erste Vorabmeldung eines Interviews, das die Kanzlerin aus Anlass des „Einjährigen" ihrer Koalition gegeben hat. „Ich bin zuversichtlich, dass wir unserer Verantwortung gemeinsam gerecht werden", wird Angela Merkel zitiert.

6. November 2010

BILD: SPD will Koalition platzen lassen

CDU, CSU und SPD wollen am Sonntagnachmittag zu einer nicht geplanten Koalitionsrunde im Kanzleramt zusammenkommen. Das bestätigt Regierungssprecher Ulrich Wilhelm am Freitagabend. Die Kanzlerin habe auf Bitten der SPD zu diesem Treffen eingeladen. In den meisten Medien wird spekuliert, die SPD wolle in der Runde auf ein schnelles und klares Nein zu weiteren Auslandseinsätzen der Bundeswehr drängen. Angeblich sollen die Sozialdemokraten von der Kanzlerin zudem ein Machtwort zugunsten eines gesetzlichen Mindestlohns erwarten.

Während in den Samstagsausgaben der Zeitungen über den Koalitionsausschuss im Zusammenhang mit dem schlechten Zustand der Koalition geschrieben wird, heizt BILD-Online am späten Samstagnachmittag die Spekulationen weiter an. Ohne klare Beschlüsse zu den Auslandseinsätzen und zum Mindestlohn werde die SPD die Koalition von sich aus beenden, heißt es dort unter Berufung auf enge Mitarbeiter von Außenminister Steinmeier. Ein SPD-Sprecher erklärt dazu, diese Spekulationen entbehrten jeder Grundlage.

7. November 2010

Große Koalition am Ende / SPD zieht Minister zurück / Merkel: SPD nicht regierungsfähig

Die außerplanmäßige Koalitionsrunde am Sonntagnachmittag dauert nur knapp 90 Minuten. Dann steht fest, worüber in den Sonntagszeitungen spekuliert worden ist: Die Große Koalition ist am Ende. Die Minister der SPD werden noch am Abend ihren Rücktritt einreichen. Zugleich machen Gerüchte die Runde, SPD, Grüne und „Die Linke" wollten bereits am Montag Verhandlungen über eine neue Koalition aufnehmen.

Eine sichtlich niedergeschlagene Kanzlerin gibt vor der Presse der SPD die alleinige Schuld für das Scheitern. Die CDU/CSU sei der SPD bei vielen Themen entgegengekommen. „Aber wir waren weder bereit, eine sozialistische Umverteilungspolitik mitzutragen noch in der Außenpolitik einen für Deutschland gefährlichen Kurs der Isolierung einzuschlagen", betont sie.

Die CDU-Vorsitzende deutet an, der SPD-Vorsitzende Müntefering und vor allem seine Stellvertreterin Nahles hätten seit der Regierungsbildung vor einem Jahr insgeheim auf ein baldiges Scheitern hingearbeitet. „Das ist nicht mehr die SPD, mit der wir 2005 einen Koalitionsvertrag ausgehandelt haben. Die SPD-Linken wollen eine andere Republik. Und die können sie nur mit Linkspartei und Grünen verwirklichen."

Der SPD-Vorsitzende Müntefering gibt der Union die Schuld am Ende der Koalition. „In der CDU haben einige noch immer nicht verstanden, dass der Staat mehr tun muss für die Schwachen in unserer Gesellschaft." Müntefering ergänzt, vor allem in der Frage des gesetzlichen Mindestlohns sei die Union weit von dem entfernt, „was wir 2007 mit dem Post-Mindestlohn und 2008 mit dem Entsendegesetz erreicht haben". Münteferings Fazit: „Die wollen eine Rolle rückwärts, wir einen Schritt nach vorn. Das passt nicht zusammen."

Außenminister Steinmeier weist darauf hin, dass die Differenzen auch in der Außenpolitik „untragbar groß" geworden seien. Die CDU neige dazu, sich von der amerikanischen Regierung in die Pflicht nehmen zu lassen, um die Folgen einer unverantwortlichen Interventionspolitik der Bush-Administration zu bewältigen. „Bei aller Freundschaft zu Amerika: Wir sind nicht die Putzkolonne für das, was die amerikanischen Neo-Konservativen angerichtet und hinterlassen haben."

Die CDU-Vorsitzende Merkel kündigt ebenso wie der CSU-Vorsitzende Seehofer an, man wolle nun intensiv ausloten, ob eine Zusammenarbeit mit FDP und Grünen möglich wäre. „Bei gutem Willen aller Beteiligten müsste es möglich sein, eine Plattform für eine gemeinsame Regierungspolitik zu finden. Die Menschen haben einen Anspruch darauf, dass wir uns alle anstrengen", betont die CDU-Vorsitzende.

Müntefering und Steinmeier äußeren sich ausweichend. Man werde die neue Lage in Ruhe sondieren. Zunächst seien am Montag die eigenen Gremien gefragt.

Westerwelle: FDP ist und bleibt bereit zur Verantwortung

Aus der Sicht der FDP ist das Ende der Großen Koalition eine Chance für einen Neuanfang. „Die gemeinsame Politik der schwarzen und roten Sozialdemokraten hat unser Land in den vergangenen fünf Jahren nicht vorangebracht. Es ist deshalb ein guter Tag für uns alle, dass nunmehr die Weichen neu gestellt werden können", sagt der Parteivorsitzende Westerwelle.

Westerwelle hebt hervor, seine Partei sei bereit, Verantwortung zu übernehmen. „Ob mit einer CDU-Kanzlerin oder einem SPD-Kanzler – die nächste Regierung braucht ein liberales Gewissen und ein liberales Korrektiv." Zugleich deutet er an, die Freien Demokraten seien zu größeren Kompromissen bereit, um auf alle Fälle ein rot-rot-grünes Bündnis zu verhindern. „Jede Koalition basiert auf Kompromissen. Aber jetzt ist es besonders wichtig, dass wir alle unsere Pflicht tun, damit in Deutschland nicht DDR-Verherrlicher und westdeutsche Altkommunisten an die Macht kommen. Wir müssen vielmehr den Einfluss der Linken so weit wie möglich zurückzudrängen."

Gysi: Weg frei für eine neue Mehrheit

Das Scheitern der Koalition von CDU/CSU und SPD ist nach Meinung der Linkspartei „ein guter Tag für Arbeitnehmer, Rentner und Hartz-IV-Empfänger". Ihr Fraktionsvorsitzender Gregor Gysi wertet die Absage der SPD an eine weitere Zusammenarbeit mit der Union als „überfälliges Zeichen, dass die Sozialdemokraten sich wieder auf ihre sozialen Wurzeln besinnen". Die Partei „Die Linke" freue sich über jeden, „der dem Neoliberalismus abschwört", fügt Gysi hinzu.

Gysi äußert Zweifel am Zustandekommen einer Koalition unter Führung der SPD und unter Einbeziehung von FDP und Grünen. „Die Positionen der beiden kleinen Oppositionsparteien zu den völkerrechtswidrigen Auslandseinsätzen der Bundeswehr, zum Festhalten an der Atomkraft und bei der Frage von Mindestlöhnen und Mindesteinkommen sind so unterschiedlich, dass ich kaum Kompromissmöglichkeiten sehe", stellt Gysi fest.

Auf die Frage, wie er die Chancen für Rot-Rot-Grün einschätze, antwortet Gysi: „Die rechnerische Mehrheit dafür ist da. Also ist auch der Weg für eine neue Konstellation frei. Leider fehlte bei einigen in der SPD vor einem Jahr der politische Mut, diesen neuen Weg auch nur zu erwägen. Wir jedenfalls sind jederzeit zu Gesprächen bereit, werden uns jedoch niemandem aufdrängen."

Grüne: Alles ist möglich

Der Bundesvorstand der Grünen hält eine Jamaika-Koalition im Prinzip ebenso für möglich wie eine Ampel. Man schätze aber die Chance, mit SPD und FDP eine Regierung zu bilden größer ein als eine Zusammenarbeit mit CDU/CSU und FDP, sagt die Parteivorsitzende Claudia Roth nach einer Sondersitzung der Grünen-Spitze. Ihr Vorstandskollege Cem Özdemir ergänzt, die „Marktradikalen" und „Atomfetischisten" in CDU/CSU und FDP würden die Suche nach Kompromissen eher behindern als befördern. „Aber wir sollten durchaus testen, ob die Union die Zeichen der Zeit erkannt hat", meint Özdemir.

Roth und Özdemir versichern, in einem Fünf-Parteien-Parlament könne auch eine rot-grün-rote Zusammenarbeit kein Tabu mehr sein. „Es gibt auch in der Linkspartei viele vernünftige Politiker", sagt Roth.

Parteienforscher: Rot-Rot-Grün geht am leichtesten

Nach Ansicht des Göttinger Politologen Franz Walter bietet das Ende der Großen Koalition vielfältige neue Möglichkeiten. „Schwarz mit Grün? Rot plus Rot? Oder zur Abwechslung ein Minderheitskabinett? Eigentlich könnte das deutsche Führungspersonal längst neue Kooperationen ausprobieren – aber die Verwalter „stabiler Verhältnisse" trauen sich nicht", schreibt der Parteienforscher und SPD-Experte in „Spiegel-Online".

So könnte seiner Meinung nach zum Beispiel „eine Ampelkoalition ihre Räson darin finden, dass eine rot-grüne Kultur durchaus über einen wirtschaftsnahen Brückenpfeiler im gewerblichen Bürgertum verfügen sollte. Und die Jamaika-Konstruktion besitzt ihre Plausibilität darin, dass sich hier die alten bürgerlichen Milieus mit modernen Lebensformen der Wissensgesellschaft treffen würden, was beiderseitige Lernprozesse auslösen könnte, die vierzig Jahre lang ausgeblieben sind."

Walter kommt jedoch zu dem Ergebnis, dass eine Koalition von SPD, Grünen und Linkspartei die realistischste Lösung wäre. Wörtlich schreibt er: „Programmatisch am leichtesten wäre im Grunde Rot-Rot-Grün, da – nachweislich aller empirischen Erhebungen – hier die Einstellungsmuster der jeweiligen Parteianhängerschaften bemerkenswert nahe beieinander liegen."

(Die wörtlichen Zitate stammen aus dem Walter-Essay „Panik im Land der Veto-Spieler", in: „Spiegel-Online" vom 5. Oktober 2008.)

10. November – Tag 3 nach dem Bruch der Großen Koalition

BILD: „Bye-bye, Bundesrepublik. Guten Morgen Linksrepublik".

Morgens um 4 Uhr sind die Sondierungskommissionen von SPD, Linkspartei und Grünen auseinandergegangen – erschöpft, aber zufrieden. Noch ist man von einem Koalitionsvertrag weit entfernt; aber die Eckpunkte für eine gemeinsame Regierung stehen fest.

Es ist ganz offensichtlich: SPD, Grüne und „Die Linke" müssen schon vor Wochen Gespräche über eine künftige Zusammenarbeit aufgenommen haben – und zwar auf höchster Ebene. Anders wäre es nicht zu erklären, dass die Parteien sich so schnell auf eine Basis für ihre Zusammenarbeit einigen konnten – nur 40 Stunden, nachdem die Parteigremien am Montagvormittag den Weg für Sondierungen abgesegnet hatten.

BILD geht deshalb kein Risiko ein, als die Mittwoch-Ausgabe mit der Schlagzeile „Bye-bye, Bundesrepublik. Guten Morgen Linksrepublik" erscheint. Zugleich stellt BILD die bange Frage: „Müssen wir bald in einer ‚Volksrepublik' leben?"

Die prinzipielle Einigung der neuen Partner beherrscht seit den frühen Morgenstunden die Nachrichten in Hörfunk und Fernsehen. Die Internet-Seiten der Zeitungen überbieten sich mit Exklusiv-Meldungen und Spekulationen. Kurz nach 7.00 Uhr vereinbaren die Parteivorsitzenden Müntefering, Lafontaine und Claudia Roth, um 11 Uhr in der Bundespressekonferenz den Durchbruch zu verkünden. „Bevor zuviel Mist geschrieben wird, sagen wir selber, was Sache ist", meint der Sauerländer.

Also verkündet das Trio die Sensation, die längst keine mehr ist: Noch sei nichts endgültig beschlossen, aber die Zeichen stünden auf baldiger

Einigung. In etwa drei Wochen könne der Koalitionsvertrag ausgehandelt sein. Dann werde der Bundespräsident dem Parlament Frank-Walter Steinmeier zur Wahl zum Bundeskanzler vorschlagen. Und mit 315 Abgeordneten verfüge die neue Koalition gegenüber den 303 Abgeordneten der Opposition über eine knappe, wenn auch ausreichende Mehrheit. „Als Willy Brandt 1969 mit der sozialliberalen Koalition und Gerhard Schröder 1998 mit der rot-grünen Koalition ein neues Kapitel deutscher Politik aufgeschlagen haben, waren ihre Mehrheiten auch nicht komfortabel", doziert Müntefering.

Der SPD-Vorsitzende begründet in einer Mischung aus sozialdemokratischem Funktionärs-Deutsch und Münte-Stakkato, dass die SPD „angesichts der vom Wähler gesetzten Daten" letztlich gar keine andere Wahl hatte. „Wähler wählen – und wir müssen das Beste daraus machen." Die CDU/CSU habe trotz ihres nicht gerade berauschenden Wahlergebnisses die SPD „wie einen Lehrjungen" zu schurigeln versucht. „So kann man mit der ältesten deutschen Partei, so kann man mit der deutschen Sozialdemokratie nicht umspringen."

Die theoretische Möglichkeit einer „Ampel" mit Grünen und FDP sei schon vor einem Jahr nicht zuletzt daran gescheitert, dass die FDP zu viele neoliberale Forderungen gestellt habe. Müntefering: „Wir können den kleinen Leuten, die fleißig arbeiten und Steuern zahlen, nicht immer mehr zumuten. Jetzt ist es auch einmal an der Zeit, dass wir den Menschen etwas zurückgeben. Die müssen merken, dass sich die Opfer der letzten Jahre gelohnt haben. Deshalb wäre es jetzt reine Zeitverschwendung gewesen, nochmals mit der FDP zu sprechen.

Mit Nachdruck verwahrt sich Müntefering gegen den Vorwurf, die SPD begehe einen Wortbruch, da sie vor der Wahl jede Zusammenarbeit mit der Linkspartei ausgeschlossen habe. Die Aussage habe immer gelautet, die SPD werde 2009 in keiner Weise mit der Linken zusammenarbeiten. Man habe ja auch 2009 versucht, einen anderen Weg zu gehen. „Aber erstens schreiben wir jetzt 2010 und nicht mehr 2009. Und zweitens haben wir immer gesagt, wir wollen eine andere, eine sozialere Politik. Die können wir aber, wie sich nun herausgestellt hat, nur mit der Linkspartei und den Grünen verwirklichen."

Oskar Lafontaine nennt die „prinzipielle Einigung“ ein gutes Signal „für alle Arbeitnehmer und Rentner, aber auch für alle, die arbeiten wollen und deren Jobs von den großen Konzernen ins Ausland verlagert wurden, um ihre Profite zu maximieren.“ Gefragt, ob er Triumphgefühle verspüre, antwortet Lafontaine eher unterkühlt: „Meine ganze politische Arbeit seit 1999 hatte nur ein Ziel: das sozialdemokratische Element im Sinne Willy Brandts zu stärken, das heißt dafür zu sorgen, dass soziale Gerechtigkeit und die Bewahrung des Friedens im Mittelpunkt aller unserer Bemühungen stehen.“ Die neue Regierung werde, da sei er ganz sicher, diesem Anspruch viel eher gerecht werden, als dies die Große Koalition konnte und wollte.

Der Vorsitzende der „Linken“ sieht in der neuen parteipolitischen Konstellation auch einen Beitrag „zur Überwindung des Ost-West-Gegensatzes durch demokratische Sozialisten aus der alten Bundesrepublik wie aus der ehemaligen DDR“. Mit der „Linken“ werde 20 Jahre nach der Vereinigung erstmals auch die „führende Ost-Partei“ in einer Bundesregierung vertreten sein. „Das war überfällig“, fügt Lafontaine hinzu.

Lafontaine bestätigt, er werde der neuen Bundesregierung nicht angehören, sondern bleibe saarländischer Ministerpräsident. „Alle, die so genau gewusst haben, dass der Lafontaine unbedingt wieder Bundesminister werden will, haben sich getäuscht“, sagt der Linken-Vorsitzende und fügt mit breitem Grinsen hinzu: „Wieder einmal getäuscht.“ Das werde aber kein Abschied von der bundespolitischen Bühne sein. „Für alle, die das noch nicht wussten, habe ich eine Neuigkeit: Bundespolitik wird auch im Bundesrat und im Koalitionsausschuss gemacht“, ruft Lafontaine in den Saal.

Die Grünen-Vorsitzende Roth hebt gleich mehrfach hervor, die Zustimmung zu dieser Koalition falle ihr und vielen ihrer Kolleginnen und Kollegen „sehr, sehr schwer, ja ganz, ganz schwer“. Die Grünen seien nach der Bundestagswahl vor einem Jahr „völlig offen“ in die Gespräche mit den anderen Parteien gegangen. „Wir hätten uns auch eine Ampel vorstellen können.“ Aber die sei an einer FDP gescheitert, „die sich liberal nennt, aber in Wirklichkeit erz-neoliberal ist“. „Jamaika“ sei dagegen aus zwei Gründen nicht machbar, damals wie heute: wegen der „Atom-Fetischisten" in der CDU und den „Reaktionären" in der CSU. Auch habe die Union insgesamt immer noch nicht verstanden, dass die Menschen „in der globalisierten Wirtschaft mehr denn je auf einen starken Staat angewiesen sind".

Roth bescheinigt der Linkspartei, diese habe sich in den letzten Jahren deutlich gewandelt. Dort gebe es zwar noch den einen oder anderen „DDR-Nostalgiker". „Aber auch in der Linken haben inzwischen die ‚Realos' das Sagen", fügt Roth hinzu.

Müntefering bescheinigt seinem Koalitionspartner Lafontaine, der habe „nicht alles verlernt, was er einst in der SPD gekonnt hat". Lafontaines Replik: „Und Du hast kräftig dazugelernt."

Im Verlauf der Pressekonferenz sagen alle drei Parteivorsitzenden in verschiedenen Variationen das, was zur Begründung jeder Koalition gesagt wird:

- „Wir können den Wählern nicht vorwerfen, dass die Wahl 2009 nicht zu einem anderen Ergebnis geführt hat."
- „Das ist keine Liebesheirat, sondern eine Vernunftehe."
- „Koalition heißt immer auch Kompromiss."
- „Wir sind Partner auf Zeit, aber bleiben natürlich Konkurrenten."
- „Wie in jeder funktionierenden Partnerschaft muss auch hier jeder der drei Partner wissen, was er dem oder den anderen zumuten kann."
- „Natürlich haben wir als Parteien unterschiedliche Interessen, aber wir wissen auch, dass wir Verantwortung für unser Land haben."
- „Für uns gilt: Erst das Land, dann die Partei."

11. November

Forsa: Bürger sprechen von „Linkskoalition“

Fast jeder zweite Bundesbürger hält die Bezeichnung „Linkskoalition“ für das sich abzeichnende rot-rot-grüne Bündnis für „zutreffend“. Wie das Meinungsforschungsinstitut „Forsa“ im Auftrag von „Stern“ und RTL herausfand, stimmen 38 Prozent der Befragten diesem Begriff zu. An zweiter Stelle folge die Bezeichnung „Wortbruch-Koalition“ mit 29 Prozent. 19 Prozent entschieden sich für „Volksfront-Regierung“ und jeweils 4 Prozent hielten „Kuba-Koalition“ beziehungsweise „Armuts-Bekämpfungs-Koalition“ für angemessen. 6 Prozent konnten sich für keinen dieser Namen erwärmen.

12. bis 20. November – Koalitionsverhandlungen

Ein „ideeller Grundkonsens“ als Proviant für den langen Marsch

Die künftigen Partner wollen keine Zeit vergeuden. Schon einen Tag nach der prinzipiellen Einigung auf Rot-Rot-Grün nehmen sie die Koalitionsverhandlungen auf.

Verhandelt wird von einer Kern-Kommission, die aus je zwei Vertretern aller drei Parteien besteht. Für die SPD sind das der künftige Kanzler Steinmeier und Müntefering, für die Linke Gregor Gysi und Bundesgeschäftsführer Dietmar Bartsch, für die Grünen die Parteivorsitzende Claudia Roth und Spitzenkandidat Jürgen Trittin. Dieser Kern kann von jeder Partei um zwei weitere Mitglieder erweitert werden.

Mit dieser Regelung wird der Tatsache Rechnung getragen, dass Oskar Lafontaine viel in Saarbrücken sein muss. Auch lässt sich auf diese Weise sicherstellen, dass die Grünen ihrem geheiligten Doppel-Proporz (ein Mann und eine Frau; darunter „Realo“ bzw. „Reala“ und „VertreterIn“ des linken Flügels) Rechnung tragen können.

Recht schnell bestätigt sich in der ersten Verhandlungsrunde, was Klaus Wowereit ein Jahr vor der Wahl vorhergesagt hatte, dass nämlich eine Koalition mit der Linken 2009 „nicht aus ideologischen Gründen ausgeschlossen“ ist. (FAS vom 14.9.2008).

So heißt es im „Hamburger Programm“ der SPD von 2007: „Was uns eint, ist die historische Erfahrung, dass sozialdemokratische Politik nur erfolgreich sein kann, wenn sie verbunden ist mit dem demokratischen Engagement der Menschen in den Gewerkschaften, den Friedens-, Frauen-, Umwelt-, Bürgerrechts-, Eine-Welt- und globalisierungskritischen Bewegungen und Netzwerken.“ Und weiter: „Der demokratische Sozialismus bleibt für uns die Vision einer freien, gerechten und solidarischen Gesellschaft“ (S. 13).

Die Linke definiert ihre ideellen Grundlagen in den „Programmatischen Eckpunkten“ von 2007 so: „Wir stellen uns bewusst in die Traditionen der Aufklärung und des demokratischen Sozialismus, der großen Emanzipationsbewegungen der Arbeiterinnen und Arbeiter. Wir treten ein für die Ziele der Frauenbewegung, der Umwelt- und Anti-AKW-Bewegung, der Friedensbewegung, der globalisierungskritischen Initiativen, der Sozialforen und Bewegungen gegen staatliche Repression, für die Durchsetzung der Grund- und Freiheitsrechte“ (S. 3).

Dazu passt auch, was die Grünen in ihrem Parteiprogramm „Die Zukunft ist Grün“ über ihr eigenes Selbstverständnis sagen: „Wir haben als Partei der Ökologie linke Traditionen aufgenommen, wertkonservative und auch solche des Rechtsstaatsliberalismus. Die Frauenbewegung, die Friedensbewegung und die Bürgerrechtsbewegung in der damaligen DDR haben das Profil unserer Partei mit geprägt. (…) Unsere Grundposition heißt: Wir verbinden Ökologie, Selbstbestimmung, erweiterte Gerechtigkeit und lebendige Demokratie. Mit gleicher Intensität treten wir ein für Gewaltfreiheit und Menschenrechte“ (S. 9 f.).

Der Grundkonsens umfasst auch die betonte kritische Einschätzung der Globalisierung. Die SPD attackiert den „globalen Kapitalismus“ als Ursache dafür, dass alte Ungerechtigkeiten verschärft und neue geschaffen werden“, die Linke wendet sich gegen den „entfesselten Kapitalismus“ und die Grünen stellen fest, „die heutige Art der Globalisierung schafft keine bessere Welt“.

Keine großen programmatischen Unterschiede zwischen den potenziellen Koalitionspartnern gibt es auch beim Thema Gerechtigkeit und Verteilung. So heißt es im „Hamburger Programm“ der SPD: „Wo die ungleiche Verteilung von Einkommen und Vermögen die Gesellschaft teilt in solche, die über andere verfügen, und solche, über die verfügt wird, verstößt sie gegen die gleiche Freiheit und ist darum ungerecht. Daher erfordert Gerechtigkeit mehr Gleichheit in der Verteilung von Einkommen, Vermögen und Macht“ (S. 15).

„Verteilungsgerechtigkeit“ ist ebenfalls ein Schlüsselwort in den Beschlüssen und Papieren von Linken und Grünen.

Da muss man nicht mit der Lupe suchen, um große Schnittmengen zu finden. Deshalb wird für die Koalitionsverhandlungen ein ganz pragmatisches Vorgehen verabredet: Zuerst sollen die vielen Politikfelder verhandelt werden, wo kaum oder relativ leicht überwindbare Meinungsverschiedenheiten bestehen. Das gilt nach allgemeiner Übereinstimmung in erster Linie für die Sozialpolitik, die Steuerpolitik, die Gesundheitspolitik und die Energiepolitik.

Über die Außen- und Verteidigungspolitik soll dagegen erst zum Schluss gesprochen werden. Dabei haben Steinmeier und Lafontaine denselben Hintergedanken: Ist der Koalitionsvertrag erst einmal zu 80 Prozent ausgehandelt, wird die andere Seite in der Außenpolitik durchaus kompromissbereit sein. Wer wollte dann auch kurz vor dem Ziel noch ein kollektives Stolpern organisieren?

Wirtschaft

Die regulierende und umverteilende Hand des Staates

Sie alle sprechen recht positiv von der sozialen Marktwirtschaft: SPD, Linkspartei und Grüne. Aber SPD und „Die Linke“ verstehen darunter – anders als Ludwig Erhard – nicht einen Ordnungsrahmen, innerhalb dessen es einen möglichst intensiven Wettbewerb geben soll. Sie sehen den Staat weniger als Schiedsrichter, denn als aktiven Mitspieler, ja als Spielmacher.

Die Grünen ihrerseits sind dem Wettbewerb gegenüber prinzipiell aufgeschlossener. Aber auch sie wollen einen Staat, der sich kräftig einmischt. In den wirtschaftspolitischen Vorstellungen aller drei Parteien lässt der regulierende und umverteilende Staat der „unsichtbaren Hand des Marktes“ wenig Spielraum.

Hatten die Koalitionspartner schon im Wahlkampf Front gemacht gegen den „neoliberalen“ Kurs von CDU und FDP, so hat die Finanzmarktkrise des Sommers 2008 ihnen neues Futter für ihre verbalen Attacken auf die „marktradikale Ideologie“ (SPD-Kanzlerkandidat Steinmeier am 18.10.2008) geliefert.

Der Grünen-Vorsitzende Reinhard Bütikofer äußerte sich im selben Sinne: „Gestern galt noch für viele das Dogma, der Staat sei das Problem und der Markt die Lösung. Dieser neoliberale Irrationalismus hat sich ad absurdum geführt, er ist bankrott. Aber manche Fehler sind so falsch, dass auch ihre einfache Umkehrung noch ein Fehler ist.“ (Rede auf dem BVR-Verbandstag am 26. September 2008.)

Oskar Lafontaine ging noch einen Schritt weiter. Er nahm die Finanzmarktkrise zum Anlass, die deutsche Demokratie infrage zu stellen: „Deshalb möchte ich für meine Fraktion sagen: Demokratie gibt es erst dann wieder, wenn die Interessen der Mehrheit tatsächlich zur Geltung kommen und wenn das Volk nicht erleben muss, dass auf der einen Seite Hunderte von Milliarden für die „Bankster" ausgegeben werden, auf der anderen Seite kein Geld für Hartz-IV-Empfänger, für Rentner und für Lohnempfänger da ist. Das ist nicht Demokratie." (Bundestagsrede vom 15.10.2008.)

Die Finanzmarktkrise 2008 hatte noch einen weiteren Effekt: Sie beseitigte bei den Sozialdemokraten Hemmungen gegenüber Konjunkturprogrammen, die während der rot-grünen Regierungszeit noch bestanden hatten. Unter der Bezeichnung „Schutzschirm für Arbeitsplätze" forderte die SPD Maßnahmen, um „Investitionen zu fördern, die Konjunktur zu stärken und Arbeitsplätze zu sichern." (SPD-Impulsprogramm für Arbeitsplätze vom 31.10.2008.) Die Grünen hielten sich mit der Forderung nach Konjunkturprogrammen dagegen zurück.

Dafür war „Die Linke" der SPD umso näher: „Wir werden die Rezession, die sich jetzt anbahnt, nicht in den Griff bekommen, wenn wir nicht auch die Nachfrageseite unserer Volkswirtschaft im Auge behalten. (...) Wer jetzt nicht gegensteuert, der handelt sträflich und fahrlässig. Deshalb brauchen wir eine Stabilisierung der Nachfrage auf dem Binnenmarkt. Das ist die prioritäre Forderung meiner Fraktion." (Oskar Lafontaine am 15.10.2008 im Bundestag.)

Konkret bedeutete dies: „DIE LINKE fordert ein Zukunftsinvestitionsprogramm in der Größenordnung von 50 Milliarden Euro! Wir brauchen 25 Milliarden Euro mehr für Kindertagesstätten, Schulen und Hochschulen. Weitere 25 Milliarden Euro sind für Investitionen in die Infrastruktur vorzusehen, damit Gebäude, Brücken, Straßen, das Abwassersystem und vieles andere wieder in Ordnung kommt." („Sofortprogramm gegen die Wirtschaftskrise" vom 29.9.2008.)

Ungeachtet mancher Meinungsunterschiede: Die gemeinsame Skepsis gegenüber dem Markt war für die Koalitionsverhandlungen eine gute Ausgangsbasis. Ebenso der gemeinsame Wunsch aller Parteien, die Finanzmärkte stärker zu regulieren, Vorstandsgehälter staatlich zu begrenzen und Manager für Fehlentscheidungen stärker in die Pflicht zu nehmen.

Schließlich einigen sich die Koalitionspartner auf folgende wirtschaftspolitische Eckpunkte:

- Für die Wirtschaftspolitik gilt das Leitbild einer Sozialen Marktwirtschaft, in der die Interessen der Allgemeinheit Vorrang haben vor den Gewinnerwartungen privater Akteure.

- Der Staat soll durch entsprechende Rahmenbedingungen sicherstellen, dass Arbeitslosigkeit und Armut vermieden bzw. abgemildert werden.

- Der Staat soll sicherstellen, dass wirtschaftliche Macht dezentralisiert wird. Die Kartellgesetze werden verschärft.

- Die Finanzmärkte sollen stärker reguliert werden. Wo keine internationalen Absprachen möglich sind, wird die Bundesrepublik Deutschland selber das Notwendige tun.

- Managergehälter sollen auf maximal 500.000 Euro im Jahr begrenzt werden. Zusätzliche Tantiemen, Boni usw. sind nicht zulässig.

- Abfindungen dürfen ein Jahresgehalt nicht überschreiten.

- Das Justizministerium soll prüfen, wie die Managerhaftung für Fehlentscheidungen verschärft werden kann. Die Übernahme entsprechender Versicherungsprämien durch das Unternehmen soll ausgeschlossen werden.

- Die Haftung von Aufsichtsräten soll analog der von Managern ebenfalls verschärft werden.

Haushalt und Steuern

Umverteilung kommt vor Sparen

Da gibt es nichts zu beschönigen: Die Auswirkungen der schweren Finanzmarktkrise des Jahres 2008 hat auch in Deutschland die mittelfristige Finanzplanung über den Haufen geworfen. Die Große Koalition hatte deshalb ihr Vorhaben, in absehbarer Zeit einen ausgeglichenen Bundeshaushalt vorzulegen, nicht aufgegeben. Aber angesichts neuer Haushaltsbelastungen durch die weltweite Rezession und staatliche Rettungsaktionen für Not leidende Banken war das Ziel schon Ende 2008 in weite Ferne gerückt. Zudem drohen bei nachlassendem Wachstum erhebliche Steuerausfälle.

Wer in dieser Lage von nachhaltiger Finanzpolitik und Haushaltssanierung spricht, zieht sich sofort den bei Linkspartei wie SPD-Linken beliebten Vorwurf des „Kaputtsparens“ zu. Ohnehin sind sich SPD und Linke in einem zentralen Punkt einig: „Nur Reiche können sich einen armen Staat leisten“. So steht es wortgleich im „Hamburger Programm“ wie in den „Programmatischen Eckpunkten“.

Die Grünen ihrerseits fordern, „übermäßige Verschuldung“ abzubauen. „Gleichzeitig müssen für die Zukunft wichtige Investitionen möglich bleiben. Um die richtige Balance zwischen Sparen und Investieren zu finden, muss der Investitionsbegriff im Sinne der Nachhaltigkeit neu gefasst werden und auch Ausgaben für Bildung, Wissenschaft und vorsorgenden Umweltschutz umfassen.“ („Die Zukunft ist grün“, S. 50.)

Ebenfalls unumstritten innerhalb der neuen Koalition ist ein weiterer Kernsatz aus dem SPD-Programm: „Die öffentliche Hand muss Geld ausgeben, damit die Konjunktur Impulse erhält und die gesamte Gesellschaft davon profitiert. Eine nachhaltige Wachstumsentwicklung braucht kontinuierlich ansteigende öffentliche Investitionen in Bildung, Forschung und Infrastruktur.“

Auf harte Sparmaßnahmen wird Rot-Rot-Grün demnach verzichten. Stattdessen sollen die Staatseinnahmen erhöht werden und zwar – das sind sich alle schnell einig – vor allem „zu Lasten der Reichen".

Auch bei den Einnahmen sind sich SPD, Linke und Grüne im Prinzip einig: Die Steuerprogression soll verschärft, die Erbschaftssteuer erhöht werden. Zudem treten SPD und „Die Linke" fast wortgleich für die Wiedereinführung der Vermögenssteuer ein. Die Grünen sind in diesem Punkt eher zurückhaltend.

Die Linkspartei kann ihre Lieblingsforderung, den Spitzensteuersatz „auf mindestens 50 Prozent" zu erhöhen, nicht durchsetzen. Sie geben sich mit der von den Grünen geforderten Anhebung auf 45 Prozent zufrieden, wenn dieser Satz schon bei Einkommen weit unter 100.000 Euro greift. Der Vorschlag der SPD, die „Reichensteuer" schon von 125.000/250.000 Euro (Ledige/Verheiratete) an zu erheben, wird damit hinfällig.

Als Ausgleich für den niedrigeren Spitzensteuersatz wird der Linkspartei zudem die Wiedereinführung der Börsenumsatzsteuer zugestanden.

Die steuerpolitische Einigung sieht so aus:

- Der Grundfreibetrag wird auf 9000 Euro im Jahr erhöht.

- Der Spitzensteuersatz steigt auf 45 Prozent, gilt aber schon von einem zu versteuernden Einkommen von 60.000 Euro/120.000 (Ledige/Verheiratete) an. (Ein verheirateter Abgeordneter mit Diäten von jährlich ca. 92.000 Euro ist davon also nicht betroffen.)

- Das Ehegattensplitting soll so weit eingeschränkt werden, wie das aus verfassungsrechtlichen Gründen möglich ist. Das heißt, der Splittingvorteil für die sogenannten „Besserverdienenden" soll auf das verfassungsmäßig gerade noch Zuträgliche reduziert werden.

- Bei der Besteuerung von Unternehmen wird die Steuerfreiheit für Veräußerungsgewinne von Kapitalgesellschaften gestrichen.

- Die Zahl der Betriebsprüfer der Finanzämter wird innerhalb der Legislaturperiode verdreifacht. Dabei wird unterstellt, dass diese Betriebsprüfer nicht nur sich selber finanzieren, sondern für signifikant höhere Steuereinnahmen sorgen.

- Steuerhinterziehung soll deutlich schärfer bestraft werden.

- Bei der Umsatzsteuer soll auf europäischer Ebene geprüft werden, ob ein dritter Steuersatz von 25 Prozent für bestimmte „Luxusgüter" (Pelzmäntel, Schmuckstücke von 1000 Euro an aufwärts, Autos, die 25.000 Euro und mehr kosten usw.) eingeführt werden kann. Für diesen Fall soll der Mehrwertsteuersatz von 19 auf 16 Prozent reduziert werden.

- Die seit 1997 nicht mehr erhobene Vermögenssteuer soll von 2010 an wieder eingeführt werden. Gemäß der alten SPD-Parole „1 Prozent für 100 Prozent Bildung" soll ihr Aufkommen in die Bildung fließen.

- Offen bleibt, ob der Steuersatz von 1 Prozent für Privatvermögen auch für Betriebsvermögen gelten soll. Hier fordert „Die Linke" einen höheren Satz.

- Noch nicht abschließend entschieden ist, wie hoch die Freibeträge bei der Vermögenssteuer sein sollen. Die bis 1996 geltende Regelung von 60.000 Euro für natürliche Personen und 250.000 Euro bei Betriebsvermögen gelten als zu niedrig.

- Die 2008 von der Großen Koalition beschlossenen Änderungen bei der Erbschaftssteuer werden zum Teil rückgängig gemacht. Von 2011 an sollen deutlich niedrigere Freibeträge gelten. Auch soll diese Steuer auf vererbtes Betriebsvermögen nur dann gestundet werden, wenn der Betrieb mindestens zehn Jahre lang weitergeführt wird und die Zahl der Arbeitsplätze sowie die Lohnsumme innerhalb dieser Zeit nicht unter die Werte des letzten Geschäftsjahres vor Eintritt des Erbfalls sinken.

Wirtschaftsverbände: „Anschlag auf den Standort Deutschland“

In einer gemeinsamen Erklärung warnen die Spitzenverbände der Wirtschaft vor einem „Fiskal-Sozialismus“. Die geplanten steuerpolitischen Vorhaben der rot-rot-grünen Koalition seien ein „Anschlag auf den Wirtschaftsstandort Deutschland“. Falls die Koalition diese Pläne verwirkliche, würde dies zu einer massiven Verlagerung von Betriebsstätten ins Ausland und zum Verlust von ein bis zwei Millionen Arbeitsplätzen führen.

Gewerkschaften: „Kapitalflucht erschweren“

Der Deutsche Gewerkschaftsbund sowie die Einzelgewerkschaften IG Metall und Verdi begrüßen das Steuerkonzept der Koalition. „Nach jahrelanger neoliberaler Umverteilung von unten nach oben“ werde jetzt endlich eine „soziale Korrektur zugunsten der arbeitenden Menschen“ vorgenommen, kommentiert der DGB-Vorsitzende Michael Sommer die Koalitionsvereinbarung.

Berthold Huber, der Vorsitzende der IG Metall, fordert unterdessen „vorbeugende Maßnahmen“ gegen die zu erwartende Kapitalflucht. Es sei zu befürchten, dass sich wohlhabende Privatpersonen ebenso wie auf Profitmaximierung bedachte Unternehmer durch eine Verlagerung des Wohn- und Firmensitzes einer gerechten Besteuerung entziehen könnte. Dem müsse der Staat gegebenenfalls durch Kapitalverkehrskontrollen entgegenwirken, sagt Huber in der ARD.

Als einziger Gewerkschaftschef äußert Hubertus Schmoldt von der IG Bergbau, Chemie, Energie (BCE) Bedenken gegen den steuerpolitischen Kurs der künftigen Regierung. Er befürchte erhebliche Arbeitsplatzverluste, sagt er der „Hannoverschen Allgemeinen“. Schmoldt rät deshalb den Koalitionsparteien, die möglichen wirtschaftlichen Konsequenzen ihrer Pläne „nochmals sorgfältig zu überprüfen“.

Energie und Umwelt

Raus aus der Kernkraft, ran an die Sonne

Mit der Kernkraft sind alle drei Parteien fertig. Und sie sprechen unisono nur von der Atomkraft – schon wegen der Assoziation zur Atombombe.

Also verspricht die SPD im „Hamburger Programm“: „Wir verwirklichen den Ausstieg aus der Atomkraft“ (S. 49).

„Wir wollen einen beschleunigten Ausstieg aus der Atomenergie, lehnen neue Atomkraftwerke und den Export von Atomtechnik ab“, verkündet die Linkspartei in ihren „Programmatischen Eckpunkten“ (S. 10). Für die Grünen „muss der Atomausstieg innerhalb der gesetzlichen Regelungen beschleunigt zu Ende gebracht werden“. („Die Zukunft ist grün“, S. 30.)

Die Marschrichtung ins neue Zeitalter der erneuerbaren Energien ist klar. Die SPD treibt „den Wechsel von erschöpflichen zu unerschöpflichen und von schadstoffhaltigen zu schadstofffreien Ressourcen konsequent voran. Unser Ziel ist ein solares Energiezeitalter.“ („Hamburger Programm“, S. 48.)

Die Strategie der Linken: „Steigerung der Energieeffizienz, Senkung des Energieverbrauchs und strikte Ausrichtung auf erneuerbare Energien sind zur Lösung der Energieprobleme notwendig. Bereits entwickelte Technologien wie wasserstoffbetriebene Motoren (Brennstoffzellen – alternative Energien) sollen schnellstmöglich genutzt und finanziell gefördert werden. Ebenso sollen umweltfreundliche Neuentwicklungen ohne Rücksicht auf Kapitalinteressen sofort umgesetzt werden“. („Programmatische Eckpunkte“, S. 10.)

Auch die Grünen sehen eine solare Zukunft am Horizont: „Die Zukunft der Energieversorgung ist solar und dezentral. Sonne, Wind, Biomasse,

Erdwärme, Wasserkraft, Meeresenergie: Erneuerbare Energie ist weltweit im Überfluss vorhanden." („Die Zukunft ist grün", S. 30.)

Was die dezentrale Energieversorgung angeht, sind die Grünen ganz nahe bei der Linken. Die nennen als vorrangiges Ziel „eine Wende in der Energiepolitik hin zu dezentralen Strukturen, die Überführung der Netze in öffentliche Hand und die demokratische Kontrolle der Energiepolitik." („Die Zukunft ist Grün", S. 30.)

Bei so viel Übereinstimmung lassen sich die Eckpunkte rot-rot-grüner Energiepolitik schnell festlegen:

- Der von Rot-Grün eingeleitete Ausstieg aus der Kernkraft wird beschleunigt.

- Neue Kohlekraftwerke werden nicht mehr gebaut.

- Der Einsatz erneuerbarer Energien wird vom Staat massiv gefördert.

- Russland soll „strategischer Energiepartner" der Bundesrepublik werden.

- Altkanzler Gerhard Schröder wird zum „deutsch-russischen Energiebeauftragten" der Bundesregierung berufen.

- Der Energiebeauftragte Schröder soll u. a. prüfen, inwieweit Schachtelbeteiligungen des russischen Energie-Konzerns Gazprom an deutschen Energiekonzernen die deutsche Versorgungssicherheit erhöhen könnte.

Arbeitsmarkt

Maximale Übereinstimmung beim Mindestlohn

In kaum einem anderen Politikfeld herrscht zwischen den neuen Partnern so viel Einigkeit wie beim Thema Mindestlohn. Das hatte sich schon im Wahlkampf sehr deutlich gezeigt.

Was inzwischen längst vergessen ist: Die Grünen hatten sich bereits in ihrem Wahlprogramm 2005 für einen gesetzlichen Mindestlohn ausgesprochen. Dort hieß es: „Wo armutsfeste, allgemein verbindliche Tarifverträge nicht zustande kommen und in tariffreien Bereichen muss es eine rechtlich verbindliche Mindestlohngrenze geben. Ihre Festlegung soll unter Beteiligung von Gewerkschaften und Arbeitgebern erfolgen. Dazu wollen wir die gesetzlichen Voraussetzungen schaffen."

Was ebenfalls in Vergessenheit geraten ist: Es war die SPD, die das Thema Mindestlohn 2004 auf die politische Tagesordnung gesetzt und beim Parteivorstand eine Mindestlohn-Kommission eingerichtet hatte. Da sich die Gewerkschaften damals nicht einig waren, ob sie tatsächlich einen Teil der Tarifautonomie an den Gesetzgeber abtreten wollen, vertagte die SPD ihre Entscheidung. Doch da hatte sie die Rechnung ohne Lafontaine & Genossen gemacht: Die nahmen die Forderung nach einem gesetzlichen Mindestlohn in ihr Wahlprogramm 2005 auf und treiben seitdem die SPD in dieser Frage genüsslich vor sich her.

In der Großen Koalition entdeckte die SPD ihr Thema aufs Neue – unter dem Druck der Linkspartei und weil sich nach 2005 die meisten DGB-Gewerkschaften für einen gesetzlichen Mindestlohn aussprachen. Auf dem Hamburger Parteitag 2007, als der Linksruck der SPD programmatisch festgeschrieben wurde, sprach die Partei dann ein eindeutiges und lautes Ja zum Mindestlohn: „Um Ausbeutung zu verhindern und fairen Wettbewerb zu sichern, brauchen wir Mindestlöhne", heißt es im „Hamburger Programm" (S. 46).

Bei der Linken wiederum war der Kampf für eine gesetzlich Lohn-Untergrenze (neben der Abschaffung von „Hartz IV") schon immer ein „Klassiker". Seit ihrem ersten Parteitag 2008 lautet die entsprechende Beschlusslage: „Für die Lohnarbeit heißt dies: einen gesetzlichen Mindestlohn in existenzsichernder Höhe. Wir wollen flächendeckende gesetzliche Mindestlöhne von 8 Euro und in schnellen Schritten 10 Euro, denn von Arbeit muss man leben können."

Ein Kompromiss ist schnell gefunden:

- Der gesetzliche Mindestlohn wird zum 1. Januar 2011 eingeführt.

- Er beträgt 7,50 Euro pro Stunde und soll innerhalb der Legislaturperiode auf 10 Euro erhöht werden.

- Über die jährliche Anpassung des gesetzlichen Mindestlohns entscheidet eine drittelparitätisch besetzte Kommission von Regierung, Gewerkschaften und Arbeitgebern.

- Das „Recht auf Arbeit" soll im Grundgesetz verankert werden.

Wirtschaftsforscher: „Arbeitsplatzvernichtung"

Ein flächendeckender Mindeststundenlohn von 7,50 Euro könnte laut einer Studie des Wirtschaftsforschungsinstituts RWI bundesweit rund 1,2 Millionen Arbeitsplätze vernichten. Nach Angaben von Professor Christoph Schmidt wären eine Million Stellen in Westdeutschland und 200.000 in Ostdeutschland betroffen. Vor allem Geringqualifizierte müssten um ihren Arbeitsplatz fürchten.

Die RWI-Studie stützt sich auf Modellrechnungen. Außerdem wurden 800 Unternehmer aus acht Branchen befragt. Demnach rechnen zum Beispiel in Ostdeutschland 40 Prozent der Betriebe mit Entlassungen, sollte es einen flächendeckenden Mindestlohn geben. Die öffentlichen Haushalte müssten in diesem Fall Mehrkosten von neun Milliarden Euro im Jahr schultern – unter anderem, weil die Ausgaben für das

Arbeitslosengeld steigen und die Einnahmen aus der Unternehmenssteuer sinken würden. (Zitiert nach „Focus-Online“ vom 10. September 2008.)

Brüderle: „Wo bleibt das Recht auf Umsatz und Gewinn?“

Der stellvertretende Partei- und Fraktionsvorsitzende der FDP, Rainer Brüderle, nennt die arbeitsmarktpolitischen Beschlüsse der Koalitionspartner ein beispielloses Arbeitsplatzabbau-Programm. „Hier treiben linke Ideologen ihr Spiel auf dem Rücken der Arbeitnehmer.“ Brüderle sagt voraus, nach Einführung des gesetzlichen Mindestlohns werde die Arbeitslosigkeit bald wieder „rot-grüne Höchststände“ erreichen.

Der FDP-Wirtschaftsexperte wirft den „rot-rot-grünen Arbeitplatzvernichtern“ vor, von Wirtschaft „absolut nichts zu verstehen“. Wenn der Staat den Arbeitnehmern Mindestlöhne garantiere, dann müsste er den Unternehmen konsequenterweise auch einen Mindestgewinn sichern. „Wenn man das zu Ende denkt, landen wir da, wo die Linkspartei herkommt: direkt im sozialistischen Elend.“

Für das Vorhaben, im Grundgesetz ein „Recht auf Arbeit“ zu verankern, hat Brüderle nur Spott übrig: Das Recht auf Arbeit, verbunden mit der entsprechenden Arbeitspflicht, sei wohl aus Artikel 24 der DDR-Verfassung abgeschrieben. Brüderle weiter: Dann könnte der Staat doch gleich auch ein „unternehmerisches Grundrecht auf Umsatz und Gewinn“ einführen.

Soziales

Aus der „Agenda 2010“ wird die „Soziale Moderne“

„Hartz IV muss weg“ und „Hartz IV ist Armut per Gesetz“. Das waren die Slogans, mit denen die Linkspartei/PDS 2005 den Durchbruch im Westen und den Einzug in den Bundestag geschafft hatte. Der Kampf gegen die „Agenda 2010“ ist seitdem ein Markenzeichen der neuen Partei am linken Rand des gesamtdeutschen Parteienspektrums.

Die SPD hatte die Reformpolitik Gerhard Schröders lange verteidigt – aber immer halbherziger. Die Zahl der SPD-Politiker, die davon abrückten, wuchs ständig. Auch die Grünen gingen immer mehr auf Distanz zu der von ihnen bis 2005 mitgetragenen Politik.

Das ist die Ausgangslage, als die Koalitionsverhandlungen beginnen. SPD-Chef Franz Müntefering macht von Anfang an klar, dass im Koalitionsvertrag keine Abkehr von der Agenda-Politik stehen könne; das sei der SPD nicht zuzumuten. „Aber Fortentwickeln kann man alles“, fügt er hinzu.

Das entspricht der Haltung von Frank-Walter Steinmeier. Seit er im Spätsommer 2008 zum Kanzlerkandidaten ausgerufen wurde, ist er zunehmend auf Distanz zu der von ihm als Kanzleramtschef maßgeblich konzipierten Agenda-Politik gegangen. So weist er seitdem gerne darauf hin, die Leute seien nicht „brennend interessiert, welche Politik vor fünf Jahren richtig war“ („Augsburger Allgemeine“ vom 19.9.2008). Noch deutlicher formulierte es Fraktionschef Peter Struck gegenüber der „Rheinischen Post“: „Die Agenda ist Vergangenheit (...) wir können nicht stehen bleiben“ (19.9.2008).

Allerdings gibt es Schwierigkeiten. Die Linkspartei ihrerseits macht klar, dass es ohne eine kräftige Erhöhung der Regelsätze bei „Hartz IV“ keine Koalition geben könne. Die Grünen haben in allen Wahlkämpfen seit 2005 ebenfalls eine Erhöhung des Grundbetrages gefordert.

Noch ein Konflikt zwischen der SPD einerseits sowie der Linkspartei und den Grünen andererseits: Die beiden kleineren Koalitionspartner haben sich programmatisch darauf festgelegt, Sozialhilfe und Arbeitslosengeld durch eine „bedarfsorientierte Grundsicherung" zu ersetzen.

So fordert die Linkspartei „eine bedarfsorientierte soziale Grundsicherung für alle, die von Armut betroffen sind, also arbeitslos, krank oder erwerbsunfähig sind, sich in Ausbildung befinden, zu wenig Einkommen oder im Alter einfach zu wenig zum Leben haben. Die Grundsicherung soll Armut und Abhängigkeit überwinden und die Mindestbedingungen für ein selbst bestimmtes Leben aller garantieren. (...) Für Alleinstehende hieße dies zwischen 860 und 940 Euro und für eine Familie mit zwei kleinen Kindern nicht weniger als 2000 Euro." (Positionspapier „Grundsicherung" der Bundestagsfraktion, 2008.)

Die ideale Absicherung sieht bei den Grünen nicht viel anders aus: „Die Sozialhilfe, als nachrangige Hilfeleistung konzipiert, wird den heutigen Anforderungen an eine soziale Grundsicherung nicht mehr gerecht. Für die Bekämpfung der auch heute noch herrschenden Armut ist ein Maßnahmenbündel notwendig. (...) Dazu gehört die Einführung einer bedarfsorientierten Grundsicherung, die tatsächlich Armut verhindert. Die Leistungen müssen den gestiegenen Lebenshaltungskosten angepasst und nach einem festen System (Statistikmodell) neu bemessen werden." („Die Zukunft ist grün", S. 64.)

Für die SPD hingegen kommt das, was Sozialwissenschaftler gerne auch „bedingungsloses Grundeinkommen" nennen, nicht infrage. So verständigen sich die drei Koalitionäre eben auf eine „Fortentwicklung" der bisherigen Sozialpolitik. Jetzt beginnt die „Soziale Moderne", frohlockt die hessische SPD-Politikerin Ypsilanti. „Soziale Moderne", diesen Begriff hatte sie im hessischen Landtagswahlkampf 2008 in die sozialdemokratische Wahlkampf-Rhetorik eingeführt, auch wenn sie nie erklären konnte, was darunter genau zu verstehen ist.

Auf Drängen der Grünen sollen die Bezieher kleiner Einkommen bei den Sozialabgaben (Renten-, Arbeitslosen-, Kranken- und Pflegeversicherung) entlastet werden. Das 2008 beschlossene „Grüne Progessivmodell“ sieht vor, dass erst ab einem Bruttoeinkommen von 2000 Euro im Monat der volle Beitragssatz fällig wird. Darunter gibt es gestaffelte Sozialbeiträge von 20 bis 35 Prozent, von denen Arbeitnehmer und Arbeitgeber jeweils die Hälfte zu tragen haben.

Die Grünen treffen sich hier mit der SPD. Die hat auf einer Funktionärskonferenz im Mai 2008 in Nürnberg das Papier „Gestaltende Finanzpolitik“ verabschiedet. Dort spricht sich die SPD gegen weitere Senkungen bei der Einkommensteuer, aber für geringere Sozialabgaben aus. Dazu hat Finanzminister Peer Steinbrück Überlegungen vorgetragen, die Sozialabgaben möglicherweise progressiv steigen zu lassen, genauso wie die Einkommensteuer.

Die Linken stehen solchen Plänen, was nicht verwunderlich ist, aufgeschlossen gegenüber. Man einigt sich auf das, was bei Koalitionsverhandlungen üblich ist: auf eine weitere Prüfung im Verlauf der nächsten Legislaturperiode.

Beschlossen und verkündet werden die entscheidenden sozialpolitischen Eckpunkte der neuen Koalition, die „mehr Gerechtigkeit wagen“ will:

- Der Regelsatz bei der Sozialhilfe und beim Arbeitslosengeld II (Hartz IV) wird von 351 Euro auf 420 Euro im Monat erhöht.

- Die Freibeträge für das sogenannte Schonvermögen sollen von 2011 an angehoben werden.

- Zudem wird es deutlich höhere Freibeträge bei der Anrechnung von Partnereinkommen geben.

- Die Höhe der Regelsätze wie der zusätzlichen Leistungen soll jährlich von einer Kommission überprüft und mindestens im Umfang der Preissteigerungsrate erhöht werden.

- Die 1-Euro-Jobs werden abgeschafft.

- Die Zumutbarkeit von Arbeit wird neu geregelt, die Anforderungen an Flexiblität und Mobilität bei der Arbeitsaufnahme werden verringert.

Armutskonferenz: „Schritt in die richtige Richtung"

Die in der „Nationale Armutskonferenz" zusammengeschlossenen Spitzenverbände der Freien Wohlfahrtspflege begrüßen die sozialpolitischen Eckpunkte der neuen Regierungskoalition als „überfällige Korrektur der Agenda 2010" und „erste Schritte in die richtige Richtung". Angesichts der gestiegenen Lebenshaltungskosten wäre jedoch eine Erhöhung des ALG II-Regelsatzes auf 440 Euro angemessen.

Die Armutskonferenz erkennt aber an, dass die Beschlüsse der Koalition die Lage vieler Menschen verbesserten. Allerdings müssten sich die Regelsätze verstärkt am tatsächlichen soziokulturellen Bedarf ausrichten. „Zum Leben gehört mehr als Nahrung. Menschen müssen am kulturellen und sozialen Leben in der Gesellschaft teilhaben können", heißt es in der Stellungnahme.

Zugleich erinnert die Armutskonferenz an den „sozialen Skandal", dass sehr viele Bezieher von Hartz IV bei den bisherigen Leistungen kaum bis zum Monatsende mit dem Geld auskommen. Selbst bei sparsamem Wirtschaften reiche das Geld oft nicht. Kämen dann zusätzliche Anforderungen, sei dies für viele Familien ein fast unlösbares Problem.

Rente

Zwangsrente für alle

Differenzen im Detail, aber breite grundsätzliche Übereinstimmung – das ist die Ausgangslage für die Koalitionsverhandlungen über die Rentenpolitik.

Wahrscheinlich könnten nicht einmal alle Mitglieder der Renten-Arbeitsgruppe sagen, von wem die folgenden drei programmatischen Aussagen stammen:

- „Langfristig ist die gesetzliche Rentenversicherung für alle Berufsgruppen und Einkommensarten in Form einer Bürgerversicherung zu entwickeln. Die Grundsicherung für Seniorinnen und Senioren kann in ein solches System integriert werden." („Die Zukunft ist grün", S. 89.)

- „Die gesetzliche Rentenversicherung soll in eine Erwerbstätigenversicherung umgewandelt werden, in die schrittweise Angehörige aller Berufsgruppen einbezogen werden. Beamte und Selbständige sollen zukünftig verpflichtet werden, in die Sozialkassen solidarisch einzuzahlen." (Die Linke: Parteitagsbeschluss von 2008.)

- „Wir wollen die gesetzliche Rentenversicherung langfristig auf alle Erwerbstätigen ausdehnen. Dabei halten wir am Erwerbseinkommen und an der Erwerbsdauer als Maßstab für die Rentenhöhe fest. Die Rente muss beitragsbezogen bleiben. Eine Einheitsrente lehnen wir ab. Wir wollen Altersarmut vermeiden. Die Einführung der Grundsicherung im Alter war dafür ein wichtiger Schritt." („Hamburger Programm" der SPD, S. 59)

Das könnte in der Tat jeder Sozialdemokrat, jeder Grüne und jeder Linke unterschreiben: den Wunsch nach einer staatlichen Einheits-Rentenversicherung. Programmatisch sind sich die Koalitionspartner einig:

Die Zwangs-Rentenversicherung für alle soll in der ersten Legislaturperiode kommen. Der Name ist auch schnell gefunden: „Solidarische Rentenversicherung".

Schwieriger gestalten sich die Verhandlungen über das Renteneintrittsalter. Neben „Hartz IV muss weg" ist die Abschaffung der „Rente mit 67" für die Linkspartei eine zentrale Forderung. „Wir wollen die Heraufsetzung des Renteneintrittsalters auf 67 Jahre wieder abschaffen. Und wir wollen die Rentenformel wiederherstellen", lautet die Beschlusslage.

Die Forderung nach der Abkehr von einem Kernstück der Münteferingschen Rentenpolitik ist freilich nie so apodiktisch formuliert worden wie die Ablehnung von „Hartz IV". „Die Linke" weiß: Hier beißt sie bei „Münte" auf Granit. Aber nur insoweit, wie sie die magische Zahl 67 antasten will.

Denn der ehemalige Arbeitsminister ist bereits nach seiner Rückkehr auf die politische Bühne im Herbst 2008 behutsam von der Rente mit 67 abgerückt. In seinem programmatischen Buch „Macht Politik!" hebt er nicht nur hervor, dass alle, die 45 Jahre gearbeitet haben, ohnehin mit 65 in Rente gehen können – und zwar ohne Abschläge. Dann verweist er auf weitere flexible Wege: Teilrente, die klassische Altersteilzeit, die Erwerbsminderungsrente.

Schließlich zeigt er den Weg zum Kompromiss: „Es muss nicht alles dem Steuerzahler oder der Sozialversicherung auferlegt werden. Wenn körperlich besonders schwere Arbeit früher enden soll, dann kann man durch Branchenvereinbarungen entsprechende Vorsorge treffen. Dann können zum Beispiel Abschläge beim früheren Ausscheiden reduziert oder ganz vermieden werden" (S. 129).

Da kann auch die Linkspartei mitmachen: Die Koalition wird prüfen, welche Berufe unter die Kategorie „körperlich besonders schwere Arbeit" fallen und wie der Staat entsprechende Branchenvereinbarungen steuerlich unterstützen kann.

Ein Zurück zur alten Rentenformel kann es nicht geben; da stünden SPD und Grüne völlig düpiert da. Aber es bietet sich ein tragbarer Kompromiss an: Abstriche an der Rente bei negativer Entwicklung der Netto-Einkommen sollen künftig unterbleiben. Hatte die Große Koalition den „Nachholfaktor" bis 2010 ausgesetzt, um den Rentner vor der Wahl 2009 keine Kürzungen zuzumuten, so wird dieser Bestandteil der Rentenformel nunmehr gestrichen. Kommentar eines Teilnehmers: „Wir passen das Gesetz der Wirklichkeit an."

Auf Drängen des SPD-Arbeitnehmerflügels soll noch eine weitere Variante zur Anhebung des Rentenniveaus geprüft: Eine Mindestrente für langjährig Versicherte mit 35 Beitragsjahren, die „deutlich oberhalb der Grundsicherung" liegen soll. Da haben Linke und Grüne keine Einwände.

Zur Finanzierung der vorgesehenen Renten-Änderungen werden keine Beschlüsse gefasst. Alle versprechen sich von der Ausweitung der gesetzlichen Rentenversicherung auf alle Berufstätigen erhebliche Mehreinnahmen, ohne dass sofort höhere Auszahlungen der Rentenkassen fällig würden.

„Die Linke" schlägt zudem vor, ernsthaft über eine Kappung höherer Renten nachzudenken. Für eine „solidarische Umverteilung" innerhalb des Systems gibt es den Vorschlag der Bundestagsabgeordneten Katja Kipping „einer Deckelung der gesetzlichen Höchstrente, z. B. beim dreifachen Betrag der Grundrente, also einer Kappung der Rente nach oben" („Diskussionspapier Rente").

Der SPD-Sozialexperte Karl Lauterbach hat ebenfalls schon mehrfach dafür plädiert, hohe Renten zu „deckeln". Das untermauert er so: Menschen mit höherem Einkommen lebten deutlich länger als diejenigen mit niedrigem Verdienst. Daher müsse entweder der Beitragssatz für Geringverdiener gesenkt oder das Altersgeld für Reichere gekürzt werden. Es gibt jedoch auf Seiten der SPD und der Grünen erhebliche Vorbehalte gegen eine Höchstgrenze für Renten.

Im Einzelnen wird beschlossen:

- Die „Solidarische Rentenversicherung" soll spätestens zum 1. Januar 2013 kommen.

- Die Rentenhöhe soll beitragsbezogen bleiben. Allerdings erhalten alle Versicherten eine Grundrente, die „deutlich" über der Sozialhilfe liegt.

- Pflichtversichert werden alle Arbeitnehmer, Beamten und Selbständigen.

- Der noch festzusetzende Beitragssatz soll auf das gesamte Einkommen, also auch einschließlich etwaiger Mieteinkünfte oder Zinseinnahmen, erhoben werden.

- Die Mitgliedschaft in berufsständischen Versorgungswerken befreit nicht von der Beitragspflicht in der staatlichen Einheitsversicherung.

- Steuerlich absetzbar sind künftig nur Beiträge für die staatliche Rentenversicherung.

- Das Justizministerium soll zusammen mit dem Arbeitsministerium prüfen, ob und inwieweit eine „Deckelung" hoher Renten beziehungsweise eine Verrechnung mit anderen Einkünften verfassungsrechtlich möglich ist.

- Bis Ende des Jahres bleibt das bisherige Rentensystem im Kern in Kraft.

- In der Rentenformel wird der „Nachholfaktor" mit Wirkung zum 1. Januar 2010 gestrichen.

- Es bleibt beim Renteneintrittsalter von 67 Jahren (von 2019 an). Davon ausgenommen werden Berufe mit besonders schwerer körperlicher Arbeit.

– Tarifvertragliche Lösungen für ein früheres Ausscheiden aus dem Erwerbsleben ohne Rentenabschlag sollen vom Staat finanziell gefördert werden.

Blüm kritisiert endgültige Abkehr „vom bewährten System“

Ex-Arbeitsminister Norbert Blüm (CDU) kann dem geplanten Rentensystem nichts abgewinnen. „Mit der Riester-Rente hat Rot-Grün das bewährte Prinzip der solidarischen Selbsthilfe schwer beschädigt. Jetzt stellt Rot-Rot-Grün endgültig die Weichen in Richtung Sozialhilfe.“

Blüm äußerte sich am Rande einer Pressekonferenz im Berliner Admiralspalast, auf der er zusammen mit Ex-Tatort-Kommissar Peter Sodann das neue Kabarett-Programm des Duos vorstellte. Der Titel: „Verstaatlicht Ackermann“.

Gesundheit

Sozialistische Einheitskasse alias Bürgerversicherung

Ein Volk, ein System, eine Krankenkasse. Endlich haben SPD, „Die Linke“ und Grüne die Gelegenheit, ihren gemeinsamen Traum von einer staatlichen Einheits-Krankenkasse wahr zu machen. Eigentlich wäre der Begriff „sozialistische Zwangs-AOK“ der treffendste. Aber die Verstaatlichungs-Befürworter in allen drei Parteien haben sich für einen wohlklingenden Namen entschieden: Bürgerversicherung. Das war ein strategisches Meisterstück. Denn der Begriff Bürgerversicherung ist positiv besetzt, klingt nach Bürgergesellschaft und mündigem Bürger, obwohl die Zielrichtung dem diametral widerspricht.

Auch hier gehen die künftigen Partner mit weitgehend übereinstimmenden Grundsatzpositionen in eine Verhandlungsrunde, bei der keine großen Gegensätze zu erwarten sind. „Wir wollen keine Zweiklassenmedizin. Deshalb wollen wir die solidarische Bürgerversicherung, in die alle Menschen einbezogen werden. Die Prinzipien der solidarischen Bürgerversicherung wollen wir auch in der Pflegeversicherung anwenden.“ So steht es im „Hamburger Programm“ der SPD (S. 58). Klar ist auch: Die SPD will grundsätzlich alle Bürger in ein System stecken.

Bei der Linken liest sich das so: „Die gesamte Bevölkerung soll in der gesetzlichen Krankenversicherung erfasst sein, die alle medizinisch notwendigen Leistungen trägt. Sämtliche Einkommen sollen einbezogen und die Beitragsbemessungsgrenzen deutlich angehoben und stufenweise abgeschafft werden“ („Programmatische Eckpunkte“, S. 12).

Näheres dazu wird von der Linkspartei in ihrem Fraktionspositionspapier „Gesundheitspolitik“ ausgeführt: „In einer solidarischen Bürgerinnen- und Bürgerversicherung, die auch von einem Großteil der Bevölkerung gewünscht wird, leisten alle Menschen den gleichen prozentualen Anteil ihres Einkommens als Beitrag zur Finanzierung eines umfassenden Gesundheitsschutzes.“

Die Grünen unterscheiden sich bei diesem gleichmacherischen Ansatz überhaupt nicht. „Wir streben beitragsfinanzierte moderne Bürgerversicherungen für Krankheit, Alter und Pflege an. (...) Alle sollen nach ihrer Leistungsfähigkeit zum Solidarsystem beitragen. Alle Einkommensformen müssen sozialversicherungspflichtig sein. Sonderregelungen für Beamte, Selbständige und Besserverdienende sollen aufgehoben werden. Die autonome, beitragsfinanzierte Sozialversicherung mit erweiterten Bemessungsgrenzen und ohne Aussparen bestimmter Einkommensarten kann ein dynamisches, finanzierbares und hocheffizientes System der Sozialversicherungen begründen. („Die Zukunft ist grün", S. 80 f.)

Alle drei Parteien sind auch Gegner der privaten Krankenkassen. Die Linke will sie abschaffen: „Profitorientierte Strukturen haben im Gesundheitswesen nichts zu suchen. Gesundheit ist keine Ware, sondern ein Menschenrecht", heißt es in ihren „Programmatischen Eckpunkten" (S. 12).

Ebenso unverhohlen machen die Grünen gegen die privaten Kassen Front, auch wenn sie es etwas eleganter formulieren als die Linke: „Die Doppelstruktur von GKV und PKV ist in ihren sozialen Auswirkungen höchst ungerecht. In der Folge findet der Solidarausgleich innerhalb der GKV nur zwischen Durchschnitts- und Geringverdienern statt. Zudem entsteht zwischen gesetzlichen Kassen und privaten Krankenversicherungsunternehmen kein produktiver Wettbewerb, da sie keine gleichen Wettbewerbsbedingungen haben. Anders als für die gesetzlichen Kassen besteht für die privaten Krankenversicherungsunternehmen keine Kontrahierungspflicht. Zusätzlich sind sie durch die Versicherungspflichtgrenze vor sogenannten schlechten Risiken geschützt. Eine angemessene Antwort auf diese Gerechtigkeits- und Wettbewerbsdefizite wäre die Zusammenführung von GKV und PKV in einer Bürgerversicherung. Dadurch würden Gerechtigkeitslücken geschlossen" (Bundestags-Drucksache 16/1928).

Auch die SPD will keine private Konkurrenz zu der staatlichen Einheitskasse. Doch setzt sie den Weg fort, den sie in der rot-grünen Koalition eingeschlagen und zusammen mit der CDU fortgesetzt hat, nämlich den Zugang zu den Privaten zu erschweren und zugleich diesen zusätzliche Kosten aufzubürden. Das liest sich dann so: „Die unterschiedliche Verteilung der Risiken zwischen GKV und PKV muss fair ausgeglichen werden." („Gesundheitsreform 2007" auf der Internetseite der SPD-Bundestagsfraktion).

Es dauert nicht allzu lange, bis sich die neuen Koalitionäre auf die Eckpunkte einer neuen „solidarischen Gesundheitspolitik" geeinigt haben:

- Die „solidarische Bürgerversicherung" wird spätestens zum 1. Januar 2013 Wirklichkeit. (Hier zahlt sich aus, dass mit dem 2009 eingeführten Gesundheitsfonds die Weichen zur Einheitskasse bereits gestellt sind.)

- Die privaten Kassen dürfen vom 1. Januar 2011 neuen Mitgliedern nur noch Zusatzversicherungen anbieten, keine medizinische Basisversorgung mehr.

- Den privaten Kassen wird angeboten, dem neuen System freiwillig beizutreten. Das Kalkül: Angesichts des ausbleibenden Zugangs neuer Mitglieder bleibe den Privaten zur Vermeidung der absehbaren Insolvenz gar keine andere Möglichkeit.

PKV will Verfassungsgericht anrufen

Der Verband der Privaten Krankenversicherungen (PKV) wird das Bundesverfassungsgericht anrufen, um die geplante „Bürgerversicherung" zu verhindern. Es sei nicht mit dem Grundgesetz vereinbar, wenn der Staat privaten Unternehmen die Geschäftsgrundlage entziehe, heißt es in einer Pressemitteilung des Verbandes.

Die privaten Versicherer werfen der Koalition zudem vor, mit der Einführung der „Bürgerversicherung" eines der besten Gesundheitssysteme der Welt zu zerschlagen. Die Bürgerversicherung löse kein einziges der strukturellen Probleme im Gesundheitsbereich. Im Gegenteil: Da sie den Wettbewerb ausschließe, führe sie zu mehr Bürokratie, deutlich höheren Kosten und einer schlechteren medizinischen Versorgung der Bevölkerung.

Familienpolitik

Staatliche Betreuung ist besser als private

Die Übereinstimmung könnte nicht größer sein: Alle drei Parteien sind für einen massiven Ausbau der staatlichen Betreuungsangebote für Kinder, nicht zuletzt für Kleinkinder. „Die Linke“ kennt die staatliche Rundum-Betreuung noch bestens aus der DDR. SPD und Grüne wollen vor allem den Frauen die Entscheidung für eine Berufstätigkeit möglichst leicht machen.

Grüne und SPD geben zwar vor, es gehe ihnen um die Wahlfreiheit der Eltern. „Wir werden eine wirkliche Wahlfreiheit für ein Leben mit Kindern für alle schaffen. Die Eltern sollen entscheiden können, wie die Betreuung ihrer Kinder aussehen soll“, lautet beispielsweise das Credo der Grünen. („Die Zukunft ist grün“, S. 75 f.)

Aber die Wahlfreiheit besteht letzten Endes nur darin, dass niemand seine Kinder in staatliche Krippen geben *muss*. Was die finanzielle Seite angeht, soll es diese Freiheit der Wahl nicht geben. Eine Mutter, die wegen ihrer Kinder auf eine Berufstätigkeit verzichtet, hat demnach einen doppelten Nachteil: Das Familieneinkommen ist geringer und die Kosten der Betreuung trägt die Familie allein.

Die Beschlusslage der Koalitionspartner ist da klar: „Sozialdemokraten haben die Abschaffung des Schulgeldes erkämpft. Jetzt fordern wir die gebührenfreie Ganztagsbetreuung für alle Kinder von Anfang an. Wir verwirklichen den Rechtsanspruch auf gute Betreuung ab dem zweiten Lebensjahr.“ („Hamburger Programm“, S. 62.)

Die Linke will „ab dem ersten Lebensjahr jedem Kind einen Rechtsanspruch auf einen ganztägigen und elternbeitragsfreien Betreuungsplatz gesetzlich zusichern.“ („Kindertagesbetreuung“ auf der Internetseite der Linksfraktion.)

Für die Grünen steht „die Betreuungsgarantie für alle Kinder ab dem ersten Lebensjahr, die zu einem bedarfsdeckenden Angebot führen wird", im Vordergrund. Städte und Gemeinden, Elterninitiativen und Kirchen, aber auch Unternehmen, die ein vielfältiges und qualitativ hochwertiges Angebot schaffen, „werden hierzu die notwendigen finanziellen Mittel bekommen." („Die Zukunft ist grün", S. 75 f.)

Nicht ganz so groß ist die Übereinstimmung, wie stark das Kindergeld erhöht werden soll. In der SPD gibt es Tendenzen, zusätzliche finanzielle Mittel eher auf den Ausbau von Betreuungseinrichtungen zu konzentrieren. „Die Linke" plädiert dagegen schon seit 2008 für eine Kindergelderhöhung auf 200 Euro pro Kind.

Am weitesten gehen die Grünen. „Die Erhöhung der Regelsätze für Kinder auf 300 bis 350 Euro abhängig vom Alter und der Ausbau des Kinderzuschlags für Geringverdiener sind für uns vorrangige Maßnahmen. Sie sind erste Schritte zu einer bedingungslosen Kindergrundsicherung, die für alle Kinder das Existenzminimum individuell gewährleistet." (Beschluss des Länderrats „Kinder in den Mittelpunkt", 2008.)

Schließlich einigt sich Rot-Rot-Grün auf folgende familienpolitische Maßnahmen:

- Spätestens von 2013 an soll jedes Kind vom ersten Lebensjahr an einen Rechtsanspruch auf einen ganztägigen und beitragsfreien Betreuungsplatz haben.

- Das Kindergeld wird in drei Schritten bis 2013 von 160 Euro auf 200 Euro im Monat erhöht, vom dritten Kind an werden 300 Euro gezahlt.

- Die noch von der Großen Koalition angekündigte Einführung eines Betreuungsgeldes für Eltern, die ihre Kinder nicht in staatliche Obhut geben, wird nicht weiter verfolgt.

- Familienministerium und Justizministerium sollen prüfen, ob das Kindergeld für sogenannte Besserverdienende gekürzt oder gestrichen werden kann, um für mehr Chancengerechtigkeit zu sorgen und um der Umverteilung „von unten nach oben“ zu begegnen.

Von der Leyen spricht von Fortsetzung der CDU-Politik

Die noch amtierende Bundesfamilienministerin Ursula von der Leyen (CDU) hat die familienpolitischen Pläne der neuen Koalition mit einer gewissen Sympathie beurteilt. Im Grunde wolle die neue Regierung „die erfolgreiche Familienpolitik der CDU fortsetzen“, äußert sie im ARD-Frühstücksfernsehen. Schließlich sei unter ihrer Verantwortung der Weg freigemacht worden für die flächendeckende Ganztagsbetreuung von Kleinkindern.

Ausweichend äußert sich die CDU-Politikerin zu dem Verzicht auf ein staatliches Betreuungsgeld für Eltern, die ihre Kleinkinder selber versorgen: „Dies war nie mein vordringliches Anliegen, sondern eine Forderung der CSU.“

Zuwanderung und Integration

Multikulti-Idylle im Einwanderungsland

Die generellen Aussagen zu den Themen Zuwanderung und Integration sind nahezu deckungsgleich. „Deutschland ist Einwanderungsland. Einwanderung hat unser Land wirtschaftlich und kulturell bereichert", heißt es im „Hamburger Programm" der SPD.

Und weiter: „Wir streben die Einbürgerung der zu uns kommenden Menschen an. Sie ist nicht das Ende der Integration, aber sie ermöglicht die volle politische Teilhabe. Dabei schließen wir Mehrstaatlichkeit nicht aus. Denen, die noch nicht die deutsche Staatsbürgerschaft haben, aber schon längere Zeit hier leben, wollen wir das kommunale Wahlrecht geben, auch wenn sie nicht aus EU-Staaten kommen." (S. 39 f.)

„Die Linke" sieht das ebenso: „Deutschland ist ein Einwanderungsland und die ‚Integration' ist eine Aufgabe der Gesamtgesellschaft." Sie fordert unter anderem: „aktives und passives Wahlrecht für alle, die ihren Lebensmittelpunkt in Deutschland haben" und: „doppelte Staatsbürgerschaft nicht nur im Ausnahmefall". (Stichwort „Integration" auf der Webseite der Bundestagsfraktion der Linken.)

Natürlich ist die Bundesrepublik Deutschland auch aus der Sicht der Grünen ein Einwanderungsland. Doch huldigen sie stärker als SPD und Linkspartei ihrer multikulturellen Ideologie.

Das klingt dann so: „Eine multikulturelle Gesellschaft hat eine positive Dimension, weil sie die selbstverständliche kulturelle Freiheit jedes Einzelnen bekräftigt, eine Differenzierung zulässt und sich abgrenzt – beispielsweise zu der Idee einer deutschen Leitkultur, die zur Assimilation und Unterordnung verpflichten will."

Oder: „Die Verbindung der beiden Felder der gesellschaftlichen und politischen Gestaltung von Einwanderung, die Verbindung der Begriffe

Demokratie und multikulturelle Gesellschaft heißt für uns: Multikulturelle Demokratie." Und diese multikulturelle Demokratie gibt allen Zuwanderern „das Wahlrecht in den Kommunen, Ländern und auf nationaler und europäischer Ebene. („Die Zukunft ist grün", S. 122–125)

Die drei Koalitionspartner brauchen nicht allzu lange, um sich auf folgende Punkte zu einigen:

- Der Zuzug nach Deutschland wird generell erleichtert.

- Illegal in Deutschland lebende Zuwanderer, die bisher nur geduldet wurden, erhalten eine Aufenthaltserlaubnis.

- Die doppelte Staatsbürgerschaft soll prinzipiell möglich sein.

- Ausländer aus Nicht-EU-Staaten, die mindestens fünf Jahre hier leben, erhalten das kommunale Wahlrecht.

- Es soll geprüft werden, ob allen Zuwanderern nach zehnjährigem Aufenthalt das uneingeschränkte aktive und passive Wahlrecht zugestanden werden kann.

Die Koalitionspartner sind sich außerdem einig, dass vonseiten der Regierung und aller amtlichen Stellen künftig der multikulturelle Charakter der deutschen Gesellschaft betont wird. Die Orientierung allein an christlich-abendländischen Werten gilt als überholt. Vor allem vonseiten der Grünen wird darauf verwiesen, die ständige Berufung auf die christlich-abendländische Tradition diskriminiere die Human-Religion Islam.

Scharfe Kritik aus den Kirchen

Überlegungen der künftigen Regierungsparteien, den christlichen Kirchen ihre führende Rolle als Wertevermittler abzusprechen, stoßen auf heftige Kritik von Kirchenvertretern. Mehrere katholische Bischöfe drängen den Vorsitzenden der Deutschen Bischofskonferenz, Erzbischof Robert Zollitsch, zu einem geharnischten Hirtenbrief, der von allen Kanzeln verlesen werden soll.

Aus Kreisen des Zentralkomitees der Deutschen Katholiken wird folgende Überlegung kolportiert: Sollte die neue Regierung Deutschland ausdrücklich als multikulturelles Land definieren, dann könnte die Kirche darauf drängen, die Arbeitsruhe an kirchlichen Feiertagen aufzuheben. Ein bayerischer Bischof soll das, wie die Katholische Nachrichtenagentur KNA berichtet, wie folgt begründet haben: „Wenn dieses Land offenbar keinen Bezug mehr hat zu seinen geistig-moralischen Wurzeln, dann ist es nur ehrlich, die kirchlichen Feiertage abzuschaffen."

Gegenproteste der Gewerkschaften

Dies wiederum hat bei Gewerkschaften zu heftigen Protesten geführt. Der Deutsche Gewerkschaftsbund (DGB) empfehle seinen Mitgliedsgewerkschaften „diesen Anschlag auf die deutsche Feiertagskultur mit Proteststreiks zu beantworten", sagt DGB-Chef Michael Sommer im Nachrichtensender N24.

Die „AG Betrieb und Gewerkschaft" der Linkspartei unterstützt die DGB-Proteste uneingeschränkt. Sie selber erwäge „Kirchenbesetzungen", falls die Bischöfe „aus ideologischen Gründen einen Anschlag auf das Freizeit- und Erholungsbedürfnis der ohnehin schwer belasteten Arbeitnehmerinnen und Arbeitnehmer" planten, erklärte ein AG-Sprecher.

„Millionen neue Wähler für SPD, Grüne und Linke"

Mehrere Ausländerorganisationen haben die Absicht der Linkskoalition, das Ausländerwahlrecht deutlich auszuweiten, nachdrücklich begrüßt. Dies sei ein „überfälliger Schritt" zu mehr Demokratie, heißt es in den meisten Stellungnahmen.

Wie aus dem Willy-Brandt-Haus verlautet, würde eine Ausdehnung des Kommunalwahlrechts auf Menschen aus Nicht-EU-Staaten die Zahl der Wahlberechtigten um etwa 2 Millionen ansteigen lassen. „Etwa 80 Prozent von ihnen werden, falls sie zur Wahl gehen, eher linke Parteien wählen", sagt ein Mitarbeiter von Generalsekretär Wasserhövel gegenüber der Nachrichtenagentur dpa. „Das bedeutete Millionen neue Wähler für SPD, Grüne und Linke. Dann würden die Rechten in keiner Großstadt mehr eine Wahl gewinnen", wird er von dpa zitiert.

Kampf gegen Rechts

Der Feind steht rechts, der Freund stets links

In ihrem „Antifaschismus“ unterscheiden sich SPD, Grüne und Linkspartei so gut wie nicht. Auch nicht darin, dass sie im Rechtsextremismus eine große Gefahr sehen, im Linksradikalismus aber so gut wie keine – jedenfalls so lange er ohne brutale Gewalt daherkommt. Auch bedienen sich alle drei Parteien gerne der Formel vom „Kampf gegen Rechts“. Mit dem Verzicht auf eine Unterscheidung von rechtsradikal und rechtsextrem einerseits und rechts im Sinne von konservativ andererseits wird versucht, die Unionsparteien unterschwellig in die Nähe der Neonazis zu rücken.

Die programmatischen Plattformen der Koalitionspartner sind beim Thema „Antifaschismus“ fast identisch. Das „Hamburger Programm“ stellt dazu fest: „Wir Sozialdemokratinnen und Sozialdemokraten ächten Rechtsextremismus, Rassismus und Antisemitismus. Sie haben Deutschland in seine schlimmste Katastrophe geführt. Wir werden deshalb immer dafür kämpfen, dass unser Land nie wieder in Barbarei abgleitet. (…) Orientierung ergibt sich nicht notwendig aus Wissen, daher brauchen wir eine Aufwertung der politischen Bildung und der Erziehung zur Demokratie“ (S. 36/60 f.).

In den „Programmatischen Eckpunkte“ der Linken ist zu lesen: „Ächtung des Rechtsextremismus und Neonazismus: Diese Kräfte werden wir politisch bekämpfen, den öffentlichen Raum gegen sie verteidigen und die antifaschistische Bildungsarbeit intensivieren“ (S. 15).

Unter dem Stichwort „Rechtsextremismus“ auf der Website der Grünen wird beteuert: „Wir treten ein gegen Rechtsextremismus, Antisemitismus, Rassismus und Fremdenfeindlichkeit. Das Engagement gegen Rechts ist für uns kein Konjunkturthema, sondern kontinuierlicher grundlegender Bestandteil unserer politischen Arbeit.“

Im Gegensatz zu SPD und Grünen nutzt die Linke in einem Positionspapier ihrer Bundestagsfraktion zugleich den Antifaschismus, um den Unrechtsstaat DDR in einem besseren Licht erscheinen zu lassen: „Die Linke ist gegen jede Form der Gleichsetzung von Faschismus und DDR-Vergangenheit, da hiermit einer Relativierung des Holocaust und der einzigartigen Verbrechen des Faschismus Vorschub geleistet wird."

So sehen die Eckpunkte der Koalitionsvereinbarung aus:

- Das Strafrecht wird in Bezug auf rechtsextreme Taten erheblich verschärft.

- „Antifaschismus" soll in allen Schulen unterrichtet werden. Der Bund bezahlt den Ländern die entsprechenden Fachlehrer.

- Um zu verhindern, dass die Bundeswehr politisch ins falsche Fahrwasser geraten könnte, wird jeder Einheit von der Kompanie aufwärts ein „Demokratie-Berater" zur Seite gestellt.

- Der Verfassungsschutz wird so organisiert, dass er überwiegend „gegen Rechts" aktiv ist.

- Die Beobachtung linksradikaler Parteien und Gruppierungen wird eingestellt. Einzige Ausnahme sind linksradikale Organisationen, die nachweislich Gewalt anwenden.

- Die Verfassungsschutz-Akten bisher beobachteter Linksradikaler werden vernichtet. Die neue Regierung wird sich bei allen bisherigen „Opfern dieser undemokratischen Überwachsungspraxis" offiziell entschuldigen.

Lehrer-Gewerkschaft und Politologen-Verbände begrüßen Antifa-Programm

Die Gewerkschaft Erziehung und Wissenschaft (GEW) begrüßt die geplante „Bildungsoffensive gegen Rechts". Damit werde eine alte Forderung der GEW erfüllt, erklärt ihr Sprecher.

Er weist zugleich darauf hin, dass es angesichts von zahlreichen arbeitslos gemeldeten Gemeinschaftskunde-Lehrern, Soziologen und Politologen möglich sein müsste, die zu schaffenden Stellen in kurzer Zeit zu besetzen.

Die Berufsverbände der Politologen und Soziologen zeigen sich über den „Antifa"-Beschluss hoch erfreut. Sie erwarten nunmehr, dass die Bundesregierung den Ländern hilft, das Studienplatz-Angebot in diesen Fächern qualitativ zu verbessern und auf mittlere Sicht zu verdoppeln.

Die „Vereinigung der Verfolgten des Naziregimes – Bund der Antifaschistinnen und Antifaschisten (VVN-BdA)" macht den Vorschlag, im Unterricht auch verstärkt bewährte „Antifaschisten" aus der ehemaligen DDR einzusetzen. Diese hätten bis 1989 in den Schulen und Fabriken der DDR beachtliche Arbeit geleistet, seien aber nach der Wende aus politischen Gründen kaltgestellt worden. Auch viele der ehemaligen Polit-Offiziere der Nationalen Volksarmee könnten eingesetzt werden. „Wenn wir alle diese bewährten Antifaschisten reaktivieren, können wir den ‚Kampf gegen Rechts' sofort und wirkungsvoll aufnehmen", heißt es in der Pressemitteilung von VNN-BdA.

Ausbau Ost

Jetzt geht die Einheit richtig los

Oskar Lafontaine wollte 1989 als SPD-Vorsitzender die Einheit nicht. Gregor Gysi, seit Dezember 1989 Chef der SED/PDS, wollte die Einheit nicht. Aber inzwischen geriert sich „Die Linke“ als Vorkämpferin für „die wirkliche Einheit“. „Nach wie vor gibt es in Deutschland sowohl eine ökonomische als auch geistige Spaltung. Die Mauer ist nicht nur in vielen Politikerköpfen noch präsent, sondern vor allem in deren Handeln“, erklärte das Linke-Vorstandsmitglied Bodo Ramelow zum „Tag der Deutschen Einheit“ 2008.

Auch wenn es grotesk klingt: Ausgerechnet die Linkspartei drängt darauf, das Thema „Innere Einheit“ in der Koalitionsvereinbarung besonders zu betonen: Es gehe darum, „mehr Einheit zu wagen.“ Um die „Mauer in den Köpfen“ möglichst bald zu beseitigen, müssten nach Ansicht der Linkspartei vor allem die nach wie vor bestehenden materiellen Unterschiede zwischen Ost und West ausgeglichen werden.

Mit einer Forderung kommt die Linkspartei allerdings nicht zum Zuge: Dass die Renten für Opfer des SED-Regimes nur noch an Menschen gezahlt werden, die ALG I oder ALG II erhalten. Da machen SPD und Grüne dann doch nicht mit.

Auch die Grünen scheitern mit ihrem Vorstoß, den „Tag der deutschen Einheit“ in „Tag der einen Welt“ umzubenennen – als Symbol für den Willen des vereinten Landes, die Schöpfung zu bewahren. Da sind sich SPD und Linke einig: „Nicht vermittelbar.“

Einig sind sich die drei Partner, nicht länger vom „Aufbau Ost“ zu sprechen. Finanzhilfen für die neuen Länder sollen künftig unter der Bezeichnung „Ausbau Ost“ laufen. Damit soll der Eindruck vermieden werden, „die Menschen in den neuen Ländern sitzen auf Trümmern“, wie es Gregor Gysi formuliert.

So sehen die entscheidenden Punkte des Koalitionsvertrags aus:

- Die neuen Länder sollen auch nach Auslaufen des „Solidarpakt II" im Jahr 2019 finanziell besonders gefördert werden.

- Bei der Rentenberechnung soll es keine Unterschiede mehr zwischen West und Ost geben.

- Die Renten-Kürzungen für die DDR-Nomenklatura werden zurückgenommen – ein Beitrag, „um Gräben zuzuschütten".

- Die neue Bundesregierung will ihren Einfluss geltend machen, um Lohnunterschiede zwischen Ost und West zu beseitigen. Dabei soll der öffentliche Dienst mit gutem Beispiel vorangehen.

- Die Bundesregierung will darauf hinwirken, dass im Geschichts- bzw. Staatsbürgerkundeunterricht die Situation im einstmals geteilten Deutschland objektiv dargestellt wird, das heißt unter Berücksichtigung der Verhältnisse während des von beiden Blöcken zu verantwortenden „Kalten Krieges".

CSU kündigt Vorstoß gegen „Mauer-Lüge" an

Die CSU-Landesgruppe im Deutschen Bundestag kündigt im neuen Bundestag eine Gesetzesinitiative gegen die „Mauer-Lüge" an. Angesichts der zu befürchtenden Geschichtsklitterung durch die neue „Volksfront-Regierung" wolle die CSU ein Zeichen setzen, kündigt der Vorsitzende der CSU-Landesgruppe, Peter Ramsauer, in der „Süddeutschen Zeitung" an. Ihm schwebe ein Gesetz mit folgender Kernaussage vor: „Mit einer Geldstrafe nicht unter 10.000 Euro wird bestraft, wer behauptet, es habe nie eine Mauer gegeben."

Wie der „Stern" in seiner Online-Ausgabe berichtet, gibt es innerhalb der Union jedoch erheblich Bedenken wegen dieses CSU-Vorstoßes. Die Partei dürfe sich 20 Jahre nach der Wiedervereinigung nicht wieder zurückdrängen lassen in die „Schützengräben des Kalten Krieges".

Der frühere DDR-Bürgerrechtler und CDU-Bundestagsabgeordnete Arnold Vaatz wirft seiner eigenen Partei vor, es den „Geschichtsfälschern von der umbenannten SED“ bisher zu leicht gemacht zu haben. Er jedenfalls werde die CSU-Initiative unterstützen, sagte er der „Leipziger Volkszeitung“. Vaatz bedauert, dass die CDU es immer noch nicht verstanden habe, dass es bei dieser Debatte nicht um die DDR-Vergangenheit gehe, „sondern um die Zukunft Deutschlands“.

Außenpolitik

Äquidistanz zu Washington und Moskau

Es war zu erwarten gewesen: Die Koalitionsverhandlungen über die Außen- und Verteidigungspolitik gestalten sich besonders schwierig. Aber die Strategie, über diese strittigen Fragen zuletzt zu verhandeln, erweist sich als klug: Der Einigungsdruck ist stark. Denn alle Beteiligten wissen: Falls es hier zu keinem tragfähigen Kompromiss kommt, bleibt am Ende nur noch eine Große Koalition.

In der SPD rät Kanzlerkandidat Frank-Walter Steinmeier zu einem besonnenen Vorgehen. „Wir können hier nicht unsere außenpolitische Glaubwürdigkeit aufs Spiel setzen." Parteichef Müntefering widerspricht nicht direkt. Er sagt aber offen, was die meisten Sozialdemokraten denken: „Wenn wir hier nicht zu Potte kommen, dann stehen wir mit abgesägten Hosenbeinen vor der Union. Die machen dann in einer neuen Großen Koalition mit uns, was sie wollen."

Andrea Nahles macht den eigenen Genossen Mut: Lafontaine werde die Koalition nicht an der Außen- und Verteidigungspolitik platzen lassen. Sie habe erst kürzlich mit Lafontaines altem Freund Reinhard Klimmt gesprochen. Der habe die Haltung seines Vorgängers im Amt des saarländischen Ministerpräsidenten so beschrieben: „Was kümmert mich in einer Koalition und wenn man regieren muss mein Geschwätz von vor der Wahl." (Klimmt-Zitat aus der „Süddeutschen Zeitung" vom 18.10.2008.)

Die Gegensätze sind freilich unübersehbar: Die Linke will „Militärbündnisse wie die NATO (...) überwinden" („Programmatische Eckpunkte", S. 20). Die SPD hält dagegen am transatlantischen Bündnis fest, plädiert jedoch für eine neue Zielbestimmung, die an den Erfordernissen des globalen Zeitalters ausgerichtet ist." („Hamburger Programm", S. 21.)

Die Grünen sind prinzipiell für die NATO, sehen sie aber kritischer als die SPD: „Wir lehnen es ab, dass die militärische Zusammenarbeit in der NATO zu einem Instrument globaler Ordnungspolitik in Konkurrenz mit den Aufgaben der Vereinten Nationen gemacht wird. Der Gefahr eines potenziellen Ungleichgewichtes durch eine hochgerüstete NATO ist entgegenzuwirken." („Die Zukunft ist Grün", S. 162.)

Für Noch-Außenminister Steinmeier ist es ganz wichtig, dass die Bundesrepublik die NATO-Mitgliedschaft nicht infrage stellt. Hier geben Lafontaine und Gysi nach. Sie begründen das mit dem gleichen Argument, mit dem sie im Sommer 2008 die geplante Tolerierung einer rotgrünen Minderheitsregierung in Hessen gerechtfertigt hatten: „Mit 11,5 Prozent kann man nicht alles bestimmen."

Erhebliche Differenzen gibt es auch bei den Beziehungen zu den Vereinigten Staaten einerseits und Russland andererseits. Für die SPD ist „eine friedliche Weltordnung nur mit den Vereinigten Staaten erreichbar, deshalb sind die Beziehungen zu den USA für uns von besonderem Gewicht." Zugleich ist eine „strategische Partnerschaft mit Russland für Deutschland und die Europäische Union unverzichtbar." („Hamburger Programm", S. 21.)

Die Grünen werfen den USA vor, ihre Aufrüstungspläne zielten „auf globale militärische Hegemonie. Folge davon ist kein Mehr an Sicherheit, sondern eine gigantische Ressourcenverschwendung und Förderung von Unfrieden und Gewalt in der Welt." Gleichwohl halten sie ein „enges und freundschaftliches Verhältnis zu den USA und die Bereitschaft zur Pflege und Erneuerung der gemeinsamen Agenda" für unverzichtbar. („Die Zukunft ist grün", S. 150 f.)

Die Grünen sind aber auch gegenüber Russland skeptisch: „Russland und die EU sind Nachbarn. Von einer strategischen Partnerschaft ist man noch weit entfernt", heißt es in der Pressemitteilung der Fraktion „Anstrengung für mehr Kooperation mit Russland nötig" vom Mai 2008.

„Die Linke" unterscheidet am deutlichsten zwischen „Gut" und „Böse". Sie verurteilt den Imperialismus der USA und setzt sich für „gleichberechtigte und partnerschaftliche Beziehungen des Westens zu Russland“ ein. (Lothar Bisky am 3.3.2008.)

In den Koalitionsverhandlungen erinnert „Die Linke“ die SPD daran, dass ihre Einstellung sich mit der von Altkanzler Helmut Schmidt (SPD) decke. Genüsslich zitiert Lafontaine den Mann, dessen Politik er zu Zeiten des NATO-Doppelbeschlusses heftig bekämpft hatte, als Kronzeugen für die eigene Einstellung gegenüber Moskau: „Für den Frieden der Welt geht von Russland heute viel weniger Gefahr aus als etwa von Amerika. Das können Sie ruhig so drucken.“ (Schmidt im „Zeit-Magazin“ vom 15.11.2007.)

Linke-Geschäftsführer Bartsch hält der SPD vor, dass der Gedanke einer Äquidistanz zu den USA wie zu Russland auch von anderen führenden Sozialdemokraten gepflegt werde. Zitat des Fraktionsvorsitzenden der SPD im Bundestag, Peter Struck: „Wir müssen gleiche Nähe haben zwischen uns und Amerika einerseits, uns und Russland andererseits.“ (FAS vom 6.5.2007.) Gleiche Nähe, so Bartsch, bedeute eben auch gleiche Distanz.

Zudem erwähnt Bartsch eine Aussage von Martin Schulz, dem Vorsitzenden der Sozialdemokratischen Faktion im Europäischen Parlament. Laut Schulz muss „Deutschland … alles Interesse daran haben, dass seine Partnerschaft mit Russland derjenigen mit Amerika mindestens gleichwertig ist“.

Für ihre Regierungspolitik einigen sich die drei Partner auf folgende außenpolitischen Leitlinien:

- Die Bundesrepublik Deutschland bleibt Mitglied der NATO.

- Innerhalb des Bündnisses wird die Bundesrepublik ihren Einfluss geltend machen, dass die Nato nicht in Konkurrenz zu den Aufgaben der Vereinten Nationen tritt.

- Die Vereinigten Staaten bleiben aufgrund der jahrzehntelangen Verbundenheit ein herausragender, strategischer Partner Deutschlands.

– Russland wird als gleichberechtigter strategischer Partner betrachtet, als Verbündeter bei der Lösung fast aller Probleme dieser Welt.

Schröder lobt neuen Realismus in der Außenpolitik

Altkanzler Gerhard Schröder hat in einem „Spiegel"-Gespräch den außenpolitischen Teil der Koalitionsvereinbarungen ausdrücklich gelobt. Hier zeige sich ein neuer, unvoreingenommener Realismus, sagte Schröder. Dies mache auch seine künftige Aufgabe als „deutsch-russischer Energiebeauftragter" der Bundesregierung leichter, fügte er hinzu.

Kritik aus Kreisen der CDU an der Aufwertung Russlands zum „lupenreinen Verbündeten" wies Schröder zurück: „Da spielen einige Damen und Herren wohl noch immer ‚Kalter Krieg'. Höchste Zeit, dass die endlich merken, dass der Eiserne Vorhang schon vor 20 Jahren gefallen ist."

US-Präsident Obama vertraut Deutschland

Der amerikanische Präsident Barack Obama hat der künftigen deutschen Regierung indirekt sein Vertrauen ausgesprochen. „Ich bin sicher, dass die Bundesrepublik Deutschland unter Führung meines Freundes Frank-Walter Steinmeier auch weiterhin ein verlässlicher Partner der Vereinigten Staaten von Amerika sein wird", sagte er in einem Interview mit dem Washingtoner ARD-Korrespondenten.

Den angestrebten Ausbau der deutsch-russischen Beziehungen bewertete Obama ebenfalls positiv. Diese Politik entspreche seinem eigenen Grundsatz, Mauern einzureißen und Gräben zu überbrücken.

Der amerikanische Präsident erneuerte sein Angebot an die deutsche Regierung, sie stärker zu konsultieren, als dies bei einem Vorgänger George W. Bush üblich gewesen sei. Er erwarte aber auch die Bereitschaft der Deutschen, sich an der Lösung der großen Krisen „aktiv zu beteiligen".

Verteidigung

Vorwärts Genossen, wir ziehen uns zurück

Außenpolitische Gegensätze lassen sich zum Teil durch Formel-Kompromisse überbrücken. Das ist beim Thema Auslandseinsätze der Bundeswehr viel schwieriger. Gleichwohl: Ungeachtet aller Polemik gegen deutsche Soldaten in Afghanistan und in anderen Krisenregionen hat „Die Linke“ nie gefordert, eine von ihr gestützte Bundesregierung müsse deutsche Soldaten „sofort“ aus dem Ausland zurückrufen.

Allerdings ist die Beschlusslage der Linkspartei eindeutig: „Wir bekämpfen den Krieg und lehnen die Militarisierung der deutschen Außenpolitik ab. Die Bundeswehr darf nicht weiter für Militärinterventionen im Ausland eingesetzt werden“ („Programmatische Eckpunkte“, S. 20.)

SPD und Grüne, die 1999 als erste Nachkriegsregierung deutsche Soldaten zu Kampfeinsätzen entsandt haben, sehen das differenzierter. Die SPD formuliert im „Hamburger Programm“: „Auch zur Stabilisierung des Friedens wollen wir Soldatinnen und Soldaten nur einsetzen, wenn andere Mittel nicht ausreichen. Deutschland kann sich an diesen Missionen beteiligen, wenn sie durch ein völkerrechtlich bindendes Mandat der Vereinten Nationen legitimiert sind, der Einsatz dem deutschen Interesse am Frieden in der Welt und an der Wohlfahrt der Nation nicht widerspricht und der Deutsche Bundestag zustimmt.“ (S. 25 f.)

Die Grünen sagen: „Als Mitglied der Vereinten Nationen, der OSZE, der EU und der NATO ist die Bundesrepublik verpflichtet, ihren angemessenen Beitrag zur kollektiven Sicherheit und zum Erhalt des Weltfriedens zu leisten. (...) Ziel und Grenzen des Einsatzes bedürfen der Zustimmung des Bundestages. Einschränkungen dieses Parlamentsvorbehaltes lehnen wir ab. Wir streben an, dass der Bundestag durch Verfassungsänderung dafür eine Zweidrittelmehrheit festsetzt.“ („Die Zukunft ist grün“, S. 161 f.)

Allerdings wissen auch die Unterhändler der SPD, dass die Zustimmung zu Auslandseinsätzen in der SPD-Bundestagsfraktion, vor allem aber in der Partei, stark zurückgegangen ist. Bei den Grünen hat 2007 sogar ein Parteitag den Afghanistan-Einsatz abgelehnt. Obwohl beide Parteien es offiziell nicht zugeben: Diese Kursänderung geht zu einem erheblichen Teil auf die neue Konkurrenz durch die Linkspartei und deren klares Nein zu Auslandseinsätzen zurück.

Die SPD sieht die Lage nüchtern: Die Auslandseinsätze der Bundeswehr müssen reduziert werden. Sonst kann „Die Linke“ dem Koalitionsvertrag nicht zustimmen. Zieht sich die Bundeswehr nicht zumindest aus einer Operation zurück, wird die Koalition vom Parteitag der Linken nie und nimmer gebilligt werden.

Nun hat Außenminister Steinmeier in der Großen Koalition stets die Auslandseinsätze verteidigt. Mit einer Ausnahme: die „Operation Enduring Freedom (OEF)“ als Antwort auf den 11. September 2001. Diese militärische Anti-Terror-Koalition unter Führung der USA ist nicht durch ein Mandat der Vereinten Nationen gedeckt und deshalb innerhalb der SPD besonders umstritten. Der deutsche Beitrag besteht faktisch nur noch im Einsatz der Marine am Horn von Afrika.

Um den Widerstand in der eigenen Partei gegen OEF abzumildern, hat Steinmeier schon auf dem Hamburger SPD-Parteitag 2007 eine entsprechende UN-Resolution verlangt. Zugleich beschloss der Parteitag: „Gerade wenn es zum Einsatz militärischer Gewalt kommt, ist die völkerrechtliche Legitimation durch den Sicherheitsrat entscheidend“ (Beschlussübersicht Nr. 60).

Noch eines erleichtert die Kompromiss-Findung: Für nahezu alle Forderungen der Linken und des Fundi-Flügels der Grünen finden sich prominente Unterstützer aus der SPD.

Vollständige Einigkeit herrscht darin, dass die Wehrpflicht abgeschafft werden soll. Die SPD versteckt das hinter der Formulierung von der „Fortentwicklung der Wehrpflicht“ und einer „Stärkung der Freiwilligkeit beim Wehrdienst“ („Hamburger Programm“, S. 26).

Die Linke ist offen für „die Abschaffung der Wehrpflicht und die Einführung einer Berufs- und Freiwilligenarmee“ (Stichwort „Auslandseinsätze“ auf der Website der Partei).

Bei den Grünen heißt es lapidar: „Wir sind für einen Ausstieg aus Wehr- und Zivildienst. Der Grundrechtseingriff der Wehrpflicht ist angesichts der grundlegend veränderten Aufgaben der Bundeswehr nicht mehr legitimierbar.“ („Die Zukunft ist grün“, S. 162 f.)

Die Kompromiss-Formeln der Koalitionsvereinbarung lauten schließlich so:

- Die Bundesrepublik steht aus Gründen der außenpolitischen Glaubwürdigkeit prinzipiell zu eingegangen Verpflichtungen – „Pacta sunt servanda“.

- Auslandseinsätze der Bundeswehr dürfen nur verlängert oder neu beschlossen werden, wenn diese durch eine UN-Resolution gedeckt sind.

- Eine weitere Voraussetzung für Auslandseinsätze ist eine plausible Exit-Strategie.

- Die Bundesrepublik beendet ihre Mitwirkung an der „Operation Enduring Freedom (OEF)“ mit Ablauf des laufenden Mandats Ende 2010, da OEF nicht auf einer UN-Resolution basiert.

- Das deutsche Engagement in Afghanistan wird spätestens 2012 beendet. Dabei verweisen die Koalitionspartner auf das entsprechende Vorgehen Kanadas und der Niederlande.

- Abweichend von der Generalklausel des Koalitionsvertrags soll ein uneinheitliches Abstimmungsverhalten der Koalitionsfraktionen bei Auslandseinsätzen der Bundeswehr nicht automatisch zum Bruch der Koalition führen. Die Koalitionspartner bekräftigen, die Gewissensfreiheit des einzelnen Abgeordneten sei gerade in der Frage von Krieg und Frieden ein unverzichtbares und hohes Gut.

- Die Wehrpflicht wird abgeschafft.

- Die Bundeswehr wird eine Berufs- und Freiwilligenarmee mit einer Gesamtstärke von maximal 200.000.

- Weil es ohne Wehrpflicht auch keine Zivildienstleistenden mehr gibt, sollen vor allem Arbeitslose für deren Tätigkeiten gewonnen werde. Ihre Gehälter sollen zum Teil aus Steuermitteln finanziert werden. Die Bundesagentur für Arbeit soll ein entsprechendes Qualifizierungsprogramm entwickeln.

Friedensbewegung droht mit Demonstrationswelle

Die „Deutsche Friedensgesellschaft – Vereinigte KriegsdienstgegnerInnen (DFG-VK)" hat die verteidigungspolitischen Beschlüsse der neuen Koalition scharf kritisiert. Die Weigerung der künftigen Bundesregierung, alle im Ausland eingesetzten Bundeswehrsoldaten sofort abzuziehen, sei ein „Verrat am Pazifismus". In einer Presseerklärung der DFG-VK wird betont, immerhin bestehe die Hoffnung, dass es innerhalb der Koalitionsfraktionen genügend Abgeordnete gebe, die sich gegen neue Kampfeinsätze deutscher Soldaten wendeten.

Zugleich kündigte die Friedensgesellschaft eine „Welle von Demonstrationen" an, um die Transformation der Bundeswehr von der Verteidigungs- zur Interventionsarmee rückgängig zu machen. Zusammen mit anderen Gruppierungen der Friedensbewegung wolle man gerade bei einer rot-rot-grünen Bundesregierung eine breite Diskussion über die scheinbar unaufhaltsame „Militarisierung der Außenpolitik" führen. Ziel bleibe, das Verbot von Angriffskriegen im Grundgesetz zu verankern.

Indirektes Lob von Helmut Schmidt

In einem Beitrag für die Wochenzeitung „Die Zeit" hat Altkanzler Helmut Schmidt darauf hingewiesen, die Deutschen hätten „angesichts unserer Geschichte im 20. Jahrhundert gute Gründe, mit eigener Beteiligung an militärischen Interventionen zurückhaltend zu sein". Dies wurde in Berlin als indirekte Unterstützung der Koalitionsvereinbarung gewertet.

Schmidt schreibt: „Bisweilen hört man, wir müssten uns aus Solidarität im Nato-Bündnis an militärischen Interventionen beteiligen. Das Argument passt besser in die Nibelungensage als in die heutige Wirklichkeit. Denn das nordatlantische Bündnis war und ist ein Verteidigungsbündnis, nicht etwa ein Bündnis zur Umgestaltung der Welt. Solange es ein Verteidigungsbündnis bleibt, ist es erwünscht, weil für einen Notfall notwendig. Aber daraus ein Instrument zur Umgestaltung fremder Staaten zu machen, daran sollten wir nicht mitwirken, auch wenn von einigen Politikern oder Schreibern dergleichen als Ausdruck weltpolitischer Verantwortung dargestellt wird. Wo immer von weltpolitischer Verantwortung die Rede ist, dort muss man prüfen, was die eigentlichen Motive sind."

Schmidt übt in dem Beitrag auch deutliche Kritik an den bisherigen Auslandseinsätzen der Bundeswehr. „Es ist relativ leicht, militärisch zu intervenieren, aber es ist keineswegs leicht, wieder abzuziehen, ohne ein Chaos zu hinterlassen. Das sieht man im Irak, im Kosovo und in Bosnien. Man wird es auch in Afghanistan sehen. Niemand spricht heute davon, das Kosovo zu verlassen aus guten Gründen – auch ich würde diese Konsequenz heute nicht ziehen wollen. Wenn man abziehen will, muss das sehr sorgfältig und langfristig so vorbereitet werden, dass danach geordnete Verhältnisse herrschen. Wenn hinterher Mord und Totschlag ausbrechen, war die Intervention falsch. Weil man das Eingeständnis scheut, bleibt man lieber. Im Falle Kosovo und Bosnien bleibt allerdings der schwerwiegende Mangel, dass die humanitär begründete Intervention völkerrechtlich ein Verstoß gegen die Charta der Vereinten Nationen gewesen ist (und die deutsche Beteiligung war außerdem ein Verstoß gegen den Zwei-plus-Vier-Vertrag, die völkerrechtliche Grundlage für unsere Wiedervereinigung). Mit diesem Makel müssen alle Beteiligten leben."

(Die Zitate stammen aus dem Beitrag von Helmut Schmid „Was uns wirklich angeht – und was nicht", in: „Die Zeit" vom 30.10.2008, Seite 3.)

26. November 2010 – Jetzt beginnt die neue Zeit:

Kanzler Steinmeier will „mehr Gerechtigkeit wagen"

Die neue Bundesregierung aus SPD, „Die Linke" und Grünen strebt einen umfassenden Neuanfang an. „Wir wollen die Regeln des Miteinanders in unserer Gesellschaft neu bestimmen. Und wir müssen politische Gestaltungskraft für die Demokratie zurückerobern. Darum geht es jetzt", sagt Bundeskanzler Frank-Walter Steinmeier (SPD) in seiner Regierungserklärung vor dem Deutschen Bundestag. Steinmeier war am Vortag mit 310 Stimmen gewählt worden, hatte also die Kanzlermehrheit gerade erreicht. Demnach müssen sechs Abgeordnete der Koalitionsfraktionen gegen ihn gestimmt haben.

Steinmeier hat seine erste Regierungserklärung unter das Motto „Mehr Gerechtigkeit wagen" gestellt. Damit knüpft er an die Regierungserklärung Willy Brandts im Jahr 1969 mit der Überschrift „Mehr Demokratie wagen" an. Zugleich erinnert Steinmeier, dass diese Koalition ebenfalls ein neues Kapitel im Buch der deutschen Nachkriegsgeschichte aufschlage.

Brandt habe mit der ersten sozialliberalen Koalition aus SPD und FDP demokratische Sozialisten und liberales Bürgertum zusammengeführt. Die neue Regierung wolle ebenfalls ein neues, breites Bündnis schmieden. Alle drei Parteien seien der sozialen Gerechtigkeit, der Bewahrung der natürlichen Lebensgrundlagen und der Erhaltung des Friedens verpflichtet. Zudem sei die neue „Koalition der Gerechtigkeit, des Umweltschutzes und des Friedens" die erste Bundesregierung, in der sich alle Bürgerinnen und Bürger aus den neuen Ländern vertreten fühlen könnten.

Die drei Koalitionsparteien hätten ungeachtet mancher Bedenken und Vorbehalte vor allem aus einem Grund zusammengefunden: „Wir spüren, wie laut der Ruf der Menschen nach guter Politik gerade jetzt wieder ist. Wir spüren, wie es mehr denn je wieder um Gerechtigkeit, um Sicherheit, um Vertrauen geht."

Nach Ansicht des Kanzlers ist es mit Händen zu greifen: „Wir stehen am Anfang einer neuen Zeit. Wir erleben einen Umbruch." Die Herrschaft einer marktradikalen Ideologie, begonnen mit Margaret Thatcher und Ronald Reagan, sei in der Finanzmarktkrise 2008 „mit einem lauten Knall" zu Ende gegangen. Den Menschen werde immer mehr bewusst, es habe eine neue Zeit begonnen: „die Zeit für Umdenken, neues Denken und Neubeginn".

Als Kanzler will Steinmeier dafür sorgen, dass das Verhältnis von Politik und Wirtschaft wieder ins rechte Lot kommt. Ihm müsse niemand erklären, dass Wirtschaft wichtig sei. „Aber wir müssen wohl einigen mal erklären, wie wichtig Politik ist! Gestaltende Politik. Mutige Politik. Politik mit Richtung und Augenmaß."

Steinmeier schließt seine überwiegend auf die Wirtschafts- und Innenpolitik konzentrierte Regierungserklärung mit folgenden Worten: „Diese neue Zeit, die jetzt angebrochen ist, muss eine Zeit werden, in der alle hart arbeitenden Frauen und Männer, in der auch diejenigen, die unserer Hilfe bedürfen, sagen können: Das ist unsere Zeit, die Zeit der sozialen Demokratie."

Kabinett: Je vier Minister für Linke und Grüne

Das rot-rot-grüne Kabinett besteht ebenso wie die abgelöste Regierung aus 16 Mitgliedern: Dem Kanzler und 15 Ministern beziehungsweise Ministerinnen. Allerdings verliert der Chef des Kanzleramtes seinen Ministerrang. Dafür wird ein neues Ministerium geschaffen: Für Integration und bürgergesellschaftliches Engagement.

Die SPD stellt einschließlich des Kanzlers acht Kabinettsmitglieder, Grüne und Linke je vier. SPD-Chef Müntefering kehrt nicht ins Kabinett zurück, will der Koalition vielmehr „von außen" den Rücken freihalten. Die Grünen machen von Anfang an klar, dass sie ihren Co-Vorsitzenden Cem Özdemir im Kabinett sehen wollen, da er kein Bundestagsmandat hat.

Nach der herkömmlichen Koalitions-Arithmetik stünde die Position des Vizekanzlers der „Linken" als stärkere der beiden kleinen Koalitionsparteien zu. Auf Drängen der SPD überlässt „Die Linke" das Amt jedoch bis zur Mitte der Legislaturperiode Jürgen Trittin von den Grünen. Vom Frühjahr 2012 an soll dann ein Minister der Linken Vizekanzler werden. Dies geschieht mit Rücksicht darauf, dass sich viele Bürger „erst noch an die neue politische Farbenlehre gewöhnen müssen" (Franz Müntefering).

Noch eine Veränderung: Die Zahl der Staatsminister und Parlamentarischen Staatssekretäre wird von bisher 30 auf 38 deutlich erhöht. Dies war notwendig, um innerhalb der SPD möglichst viele „Netzwerker" und „Seeheimer" einzubinden, die ursprünglich große Bedenken gegen eine Koalition mit der Linkspartei hatten. Begründet wurde die Ausweitung dieser begehrten Positionen mit der Notwendigkeit, „die Zusammenarbeit zwischen Regierung und Fraktionen zu verbessern". Dies sei angesichts der großen Reformvorhaben der Koalition dringend notwendig.

Von den Parlamentarischen Staatssekretären und Staatsministern stellt die SPD 24, Grüne und „Die Linke" besetzen jeweils sieben Positionen.

Das ist die Kabinettsliste:

- Bundeskanzler: Frank-Walter Steinmeier (SPD)

- Außenminister und Vizekanzler: Jürgen Trittin (Grüne)

- Innenminister: Dr. Gregor Gysi (Die Linke)

- Justiz: Brigitte Zypries (SPD)

- Finanzen: Peer Steinbrück (SPD)

- Wirtschaft: Ulrich Maurer (Die Linke)

- Arbeit und Soziales: Andrea Nahles (SPD)
- Ernährung und Verbraucherschutz: Cem Özdemir (Grüne)
- Verteidigung: Johannes Kahrs (SPD)
- Frauen, Familie und Gleichstellung: Petra Pau (Die Linke)
- Gesundheit: Prof. Dr. Karl Lauterbach (SPD)
- Verkehr, Wohnungsbau und Ausbau Ost: Dr. Gesine Lötzsch (Die Linke)
- Umwelt und Energiewende: Renate Künast (Grüne)
- Bildung und Forschung: Jörg Tauss (SPD)
- Wirtschaftliche Zusammenarbeit: Heidemarie Wieczorek-Zeul (SPD)
- Integration und bürgergesellschaftliches Engagement: Claudia Roth (Grüne)

Rot-Rot-Grün und die Folgen

Angela Merkel: „Mache den Weg für Neuanfang in der CDU frei“

Die am 25. November durch ein konstruktives Misstrauensvotum abgewählte Bundeskanzlerin will sich aus der Politik zurückziehen. Dies hat sie in einer Telefon-Schaltkonferenz dem CDU-Präsidium mitgeteilt. Nach dem „handstreichartigen Regierungswechsel“ habe sich die politische Landschaft grundlegend verändert. Die Bevölkerung werde zwar bald spüren, dass das neue Linksbündnis das Land wirtschaftlich schwäche und außenpolitisch isoliere. Deshalb müsse die CDU jetzt eine „knallharte“ Opposition betreiben und die „Wortbruch-Partei SPD“ bei jeder Gelegenheit stellen.

Wie die CDU-Vorsitzende ihren Präsidiumskollegen erläuterte, sei der Zeitpunkt für einen personellen Wechsel gekommen, da sich die CDU bereits jetzt für die Bundestagwahl 2013 aufstellen müsse. Deshalb werde sie auf dem CDU-Parteitag Anfang Dezember nicht mehr für den Vorsitz kandidieren.

Die Ex-Kanzlerin deutete zugleich ihren vollständigen Rückzug aus der Politik an. Ihr Bundestagsmandat werde sie „vorerst“ nicht niederlegen. Sie strebe aber eine neue berufliche Herausforderung „an der Schnittstelle von Wirtschaft und Politik“ an. Dabei deutete sie eine Aufgabe auf europäischer Ebene an. Sie habe jedenfalls nicht vor, die neue Parteiführung mit Erzählungen von früher zu nerven – ein Seitenhieb gegen den früheren Ehrenvorsitzenden Helmut Kohl.

SPD meldet „etwa 2000 Parteiaustritte“

SPD-Generalsekretär Kajo Wasserhövel hat Zeitungsberichte bestätigt, wonach die Bildung der rot-rot-grünen Regierung zu Parteiaustritten geführt habe. Es könne aber auf keinen Fall von einer „Austrittswelle“

gesprochen werden. Bisher hätten etwa 2000 Genossinnen und Genossen ihre Mitgliedsbücher zurückgegeben, überwiegend ältere Mitglieder in Nordrhein-Westfalen und Niedersachsen.

Wasserhövel weist darauf hin, dass die Parteiführung durchaus Verständnis für „manche Irritationen“ an der Basis habe. Die Wortbruch-Kampagne der Gegenseite „und der sie unterstützenden Medien-Front“ zeige durchaus Wirkung. Kanzler Steinmeier, der Parteivorsitzende Müntefering und andere führende Sozialdemokraten würden aber in den nächsten Wochen auf Funktionärstreffen in allen Bundesländern ausführlich begründen, warum der Regierungswechsel „im Interesse Deutschlands“ liege.

Geheimabsprache über Parteispenden

Wie das „Handelsblatt“ berichtet, haben die Koalitionsparteien beschlossen, die gesetzlichen Regelungen für Parteispenden zu verschärfen. So sollen Spenden von juristischen Personen, also von Unternehmen, verboten werden. Gleiches soll für Berufsverbände gelten. Spenden von natürlichen Personen sollen auf 5000 Euro pro Jahr und Person beschränkt werden.

Wie die Zeitung weiter schreibt, hätten die Parteivorsitzenden Müntefering, Lafontaine und Özdemir sich darauf verständigt, diese Absprache nicht schriftlich im Koalitionsvertrag festzuhalten. Den Antrag zur entsprechenden Änderung des Parteiengesetzes sollen die Schatzmeister der Koalitionsparteien formulieren. Dabei könnte es auch noch „technische Änderungen“ geben. Das Ziel stehe aber fest: Es soll in Zukunft nicht mehr möglich sein, dass große Konzerne und reiche Privatleute sich durch Spenden an CDU, CSU und FDP „weiterhin politischen Einfluss erkaufen“.

Die Parteivorsitzenden sollen sich darüber einig gewesen sein, dass CDU, CSU und FDP von der Neuregelung überproportional betroffen würden. Die SPD könne hingegen auf Gewinne ihrer eigenen Wirtschaftsbetriebe zurückgreifen. Die Grünen haben von Unternehmen und Unternehmensverbänden bisher nur in bescheidenem Umfang Spenden erhalten, die Linkspartei so gut wie keine. Letztere verfügt ohnehin über ausreichende Finanzmittel aus anderen Quellen.

Merz sieht keine Basis für Merkel-Nachfolge

Der ehemalige CDU/CSU-Fraktionsvorsitzende und Wirtschaftsexperte Friedrich Merz will sich nicht um die Nachfolge Angela Merkels an der Spitze der Partei bewerben. Wie die „Wirtschaftswoche" berichtet, hat Merz diesen Vorschlag des CDU-Wirtschaftsrats wie der CDU-Mittelstandsvereinigung abgelehnt. Als Begründung für sein Nein soll Merz der Zeitschrift zufolge das Fehlen einer breiten Basis für seine Kandidatur genannt haben.

Wie die „Wirtschaftswoche" erfahren haben will, soll Merz eine einstimmige Empfehlung des CDU-Bundesvorstandes, zumindest aber eine „überragende" Mehrheit als Vorbedingung für seine Rückkehr in die Politik und die Übernahme des Parteivorsitzes genannt haben. Dies habe ihm aber niemand garantieren können oder wollen.

Aus der CDU/CSU-Bundestagsfraktion ist dagegen zu hören, dass Merz gar keine Lust habe, den „Knochenjob" des CDU-Vorsitzenden in dieser schwierigen Phase zu übernehmen. „Der Friedrich ist dem Lockruf der Geldes erlegen, der hat mit der Politik längst abgeschlossen", wird ein ehemaliger Fraktionskollege aus Nordrhein-Westfalen zitiert.

Sellering: Rot-Rot in Mecklenburg-Vorpommern möglich

Der SPD-Vorsitzende von Mecklenburg-Vorpommern, Ministerpräsident Erwin Sellering, schließt eine rot-rote Koalition in seinem Bundesland nicht aus. Die SPD könne sich eine solche Konstellation nach der nächsten Landtagswahl im Jahr 2011 durchaus vorstellen, äußert Sellering gegenüber dem NDR-Fernsehen.

In Mecklenburg-Vorpommern war 1998 die erste offizielle Koalition von SPD und PDS zustande gekommen, nach der Duldung einer rot-grünen Regierung durch die PDS in Sachsen-Anhalt. Diese Zusammenarbeit hatte bis zur Wahl 2006 Bestand. 2006 kam es dann zu einer Großen Koalition, nicht zuletzt mit Blick auf die im Bund regierende CDU/SPD-Koalition. Wie Sellering sagt, habe sich die gemeinsame Arbeit mit der damaligen PDS zum Wohl des Landes ausgewirkt. Er habe jedenfalls keine ideologischen Vorbehalte, diese Zusammenarbeit wieder aufleben zu lassen.

Sarah Wagenknecht: „Bin kein Stimmvieh der Regierung"

Die Bundestagsabgeordnete Sarah Wagenknecht will im Parlament „nicht automatisch" für alle rot-rot-grünen Vorhaben stimmen. Die Sprecherin der „Kommunistischen Plattform" innerhalb der Linkspartei kündigte in einem Interview mit dem „Neuen Deutschland" an, bei Anträgen, in denen noch „neoliberales oder militaristisches" Gedankengut durchschimmere, werde sie im Bundestag Nein sagen: „Ich bin kein Stimmvieh dieser Regierung." So wie sie dächten noch mehrere Abgeordnete der Linken, versichert sie.

Klaus Staeck ruft zum „Aufstand der Anständigen" auf

In einem Gastbeitrag im Feuilleton der „Frankfurter Allgemeinen Zeitung" hat der Präsident der Akademie der Künste, Klaus Staeck, an die Intellektuellen dieses Landes appelliert, mitzuhelfen, dass das neue „sozial-ökologisch-friedenschaffende Bündnis" eine faire Chance erhält. Wer es mit der sozialen Demokratie, einer nachhaltigen Politik und dem Kampf für eine gerechte und friedfertige Welt ernst meine, der müsse jetzt beim „Aufstand der Anständigen" mitmachen.

Staeck verurteilt in dem F.A.Z.-Artikel die „diffamierende Wortbruch-Kampagne" der CDU gegen eine auf demokratische Weise ins Amt gekommene Regierung. Zugleich wirft er einem Teil der Medien wegen ihrer ständigen Attacken auf die neue Regierung einen „Rückfall in vordemokratische Zeiten“ vor. Staeck: „Die Bürgerinnen und Bürger dieses Landes haben bei allen Bundestagswahlen seit 1998 so gewählt, dass SPD, Grüne und PDS bzw. „Die Linke“ zusammen eine klare Mehrheit hatten. Wenn die wirklichen Vertreter des Volkes endlich den Willen des Volkes bei der Regierungsbildung berücksichtigen, dann ist das kein Wortbruch sondern eine Volksdemokratie im besten Sinn des Wortes.“

Statt eines Nachworts

„Vor ein paar Wochen war Gerhard Schröder bei Edmund Stoiber in Wolfratshausen zum Mittagessen eingeladen. (...) Sie aßen Leberkäs und Tafelspitz, und während sie aßen, kamen sie auch auf das linke Lager im Land zu sprechen. Ob er glaube, dass die SPD mit der Linken auch im Bund die Regierung bilden werde, wollte Stoiber wissen.

Ja, antwortete Schröder, ohne zu zögern. Nach 2009 werde es so weit sein."

(Aus: „Vorwärts, Genossen, zurück", Der Spiegel, Nr. 43 vom 22. Oktober 2007.)